中国地方社会科学院学术精品文库·浙江系列

中国地方社会科学院学术精品文库·浙江系列

农村劳动力转移对农地利用效率的影响研究

THE IMPACT OF RURAL LABOR MIGRATION ON FARMLAND USE EFFICIENCY

● 李明艳 / 著

社会科学文献出版社
SOCIAL SCIENCES ACADEMIC PRESS (CHINA)

本书由浙江省省级社会科学学术著作
出版资金资助出版

立足地方实践　高扬中国特色

《中国地方社会科学院学术精品文库》总序

　　人类社会踏上了充满挑战和希望的 21 世纪，世界各种文明和思想文化经历着深刻的激荡和变革。面对这样的形势，坚持理论创新、科技创新、文化创新以及其他各方面的创新，乃是建设中国特色社会主义事业，振兴中华民族的必由之路。因此，承担着"认识世界、传承文明、创新理论、资政育人、服务社会"职责的哲学社会科学，任重而道远。

　　中国特色的社会主义，是物质文明、政治文明和精神文明全面发展的新型社会，是人类历史中前无古人的创举，需要在马列主义、毛泽东思想、邓小平理论和"三个代表"重要思想的指引下，解放思想，求真务实，在实践和理论上进行不懈的探索，用科学发展观统领经济发展和社会进步，实现全面协调可持续发展。

　　胡锦涛同志 2003 年 7 月 1 日《在"三个代表"重要思想理论研讨会上的讲话》中指出，在实现全面建设小康社会这个宏伟目标的征程中，我们将长期面对三个重大课题：一是要科学判断和全面把握国际形势的发展变化，正确应对世界多极化和经济全球化以及科技进步的发展趋势，在日益激烈的综合国力竞争中牢牢掌握加快我国发展的主动权。二是要科学判断和全面把握我国长期处于社会主义初级阶段的基本国情，正确认识和妥善处理人民日益增长的物质文化需要同落后的社会生产力这个社会主要矛盾，不断增强综合国力，逐步实现全体人民的共同富裕。三是要科学判断和全面把握我们党所处的历史方位和肩负的历史使命，加强和改进党的建设，不断提高党的领导水平和执政水平，增强拒腐防变和抵御风险能力，始终成为团结带领人民建设中国特色社会主义的领导核心。哲学社会科学工作者必须立足国情，立足当代，以这三个重大课题为主攻方向，同党和人民一道，在实践的基础上进行前瞻性、全局性和战略性的研究，努力解决广大群众关心的理论问题和实际问题，建设中国特色、中国风格、中国气派的哲学社会科学。

中国共产党历来高度重视哲学社会科学的发展。中共中央在2004年3月发布了《关于进一步繁荣发展哲学社会科学的意见》，精辟地阐述了哲学社会科学在建设中国特色社会主义中的地位和作用，指明了进一步繁荣发展哲学社会科学的指导方针和基本原则。这个文件是在新的历史时期发展繁荣哲学社会科学的精神动力和行动指南，必将唤起广大哲学社会科学工作者为建设中国特色社会主义、服务于中国人民进行实践探索和理论创新的使命感，迎来中国哲学社会科学繁荣发展的又一个阳光灿烂的春天。

地方社会科学院是我国哲学社会科学研究的一支重要力量。20多年来，除台湾省之外，各省市自治区和部分计划单列市先后建立了社会科学院，总数已经达到44家。可以说，地方社会科学院是我国社会主义现代化建设的一支不可替代的生力军。在各省（市）党委、政府的领导与支持下，地方社会科学院在队伍建设、科研体制改革等诸多方面进行了许多探索，取得了重大的成就和可贵的经验，涌现出了一批科研骨干，获得大批立足地方实践、富有地方特色的优秀科研成果，为地方的经济社会发展和理论创新作出了重要贡献。立足地方特色，紧密结合广大人民群众的实践，是地方社会科学院发展的一个显著特点。我们相信《中国地方社会科学院学术精品文库》作为一个多系列精品工程的编辑出版，能够比较集中和系统地展示地方社会科学院的优秀科研成果及其固有特色，激励和推动社会科学学术研究的进一步开展和提高，有益于社会科学工作者之间的联系和合作。

继承和发展马克思主义，发展、繁荣社会主义中国的哲学社会科学事业，实现中华民族的伟大振兴，任重而道远，让我们大家共勉，在以胡锦涛为总书记的党中央领导下，进一步解放思想、开拓创新，迎接哲学社会科学繁荣发展的美好明天。

中国社会科学院院长

陈奎元

2004 年 8 月 15 日

承继浙学优秀传统　促进当代学术繁荣

《中国地方社会科学院学术精品文库·浙江系列》序

浙江学术有很多优秀的传统。

首先一点，浙江学术富有批判精神。汉代中期以后独尊儒学，当时的儒学有两个特点：一是墨守章句之学；二是盛行谶纬迷信。浙江人王充"退孔孟而进黄老"，对传统儒学提出尖锐批评，提出"神灭无鬼"的新说。他所开创的学术新风气对后来魏晋玄学产生了重大影响。唐宋以后，新儒学产生，程朱理学、陆王心学是其中最重要的两个学术流派。浙江产生了"浙学"，即以吕祖谦为代表的金华学派，以叶适为代表的永嘉学派，以及以陈亮为代表的永康学派。他们倡言事功，充分强调"利"的正当性。在南宋三大儒学流派中，他们于朱、陆两家之外独树一帜，不但成为宋学不可或缺的一支，也对此后浙江文化的塑造产生了深远的影响。南宋之后，程朱理学定于一尊，至明后期，余姚人王阳明提出"致良知"的新说，突破朱熹"天理"的绝对性，肯定了"人欲"的合理性。晚明文学艺术界有一股提倡人性解放、不拘一格抒发性灵的社会思潮，王氏之学，有以导之。至清代，考据之学成为当时的学术主流。浙江学者，不但为后人贡献了大量考据学上的成果，而且产生了章学诚这样的反潮流的学术大师，他强调"六经皆史"，标榜"浙东学术"的独特个性，与吴、皖两家相颉颃。至于清末，学风再变，程朱理学与经世思潮重新抬头，浙江不但产生了龚自珍这样的新思潮的代表人物，还产生了孙诒让、黄以周、俞樾这样的朴学大师，号"清末三先生"。综观中国学术发展史，浙江学人在其中的地位清晰可见：他们未必是某一时期学术发展的主导者，却常常是某一时期主流学术的批判者；而他们所开创的学术新风，又常常引导着下一时期的学术新方向。浙江学人的这种批判精神，本质上就是一种创新精神。

浙江学术的另一优秀传统是对现实问题的高度关注。南宋"浙学"思想家们主张重商富民，正是这一学术传统的体现。到明清时期，浙江学人的现实主义精神得到进一步发展。浙东学派的重要代表人物黄宗羲，不但在经济上主张"工商皆本"，在政治上更是对君主专制制度提出前所未有的批评，成为中国思想史上一个不朽的标杆。清代浙江学术的地域风格已经形成。章学诚在《文史通义》中讲"浙东贵专家，浙西尚博雅"。浙东学派的成就，主要体现在历史研究上。清代文禁极严，明史研究是一个在政治上非常敏感的学术领域。浙江受文字狱之祸极深，著名的"明史案"便发生在浙江。当时很多历史学家为了避祸，在研究中有意避开这一禁区，专攻古史考证。而浙江学人，敢于逆流而上，浙东学派尤以明史研究见长。黄宗羲撰《弘光实录》、《行朝录》、《明儒学案》，选编《明文海》；万斯同一生专治明史，独力完成《明史稿》五百卷；邵廷采撰《东南纪事》、《西南纪事》、《明遗民所知录》；全祖望著《鲒埼亭集》，撰集碑记，表彰浙东抗清不屈之士。浙东学人的明史研究，表面上是研究历史，实际上反映的是现实政治问题，他们的学问，表面上是史学，骨子里是政治学。在这一点上，浙江学术的现实主义精神可理解成是一种革命精神。至于近代，一代国学大师章太炎，他的学术成就固以朴学见长，但在他的学术理论中，"种族革命"的特色表现得特别浓厚。这与浙东学派的精神是一脉相承的，都体现了一种对现实不回避的态度与勇气。

浙江学术的第三个传统是包容的态度和开放的精神。浙江的地理位置，正处于中国的中间地带。在历史上，永嘉南渡、安史之乱、黄巢起义、靖康之变，数次大事件引发的移民浪潮，都对浙江学术传统产生了重要影响。如南宋"浙学"三家，婺学（金华学派）的吕祖谦本来就是北方世家；永嘉学派，源自北宋"永嘉九先生"，他们与"二程"有师承关系。各种区域文化的交汇碰撞，造就了浙江学人包容的、学习的态度。浙江又地处沿海，在明清以后"地理大发现"的国际背景中，又成为"西学东渐"的前沿。早在明末，就有杭州人李之藻，从西方传教士利玛窦习天文、数学、地理等科学知识。近代以来，在西方学术科目的引进和建立中，浙江学人发挥了重要作用，如沈家本在法学上，蔡元培在教育学上，马寅初在经济学上，都堪称是一个学科的开创者或奠基人。蔡元培在执掌北京大学期间，以"兼容并蓄"治校，为"五四"新文化运动的兴起培育了土壤。作为新文化运动的代表人物，鲁迅以"拿来主义"的态度译介西方文学，并用新方法从事文学创作和文学史研究。在此过程中，中国的旧学问开始转型。海宁人王国维是一个对中国现代学术转型有着巨大影响的国学大师，在哲学、文学、史学三方面都有重要影响。在哲学上，他是中国最早介绍德国哲学家康德、叔本华等人哲学思想的人，他的《红楼梦评论》是中国最早运用西方美学对《红楼梦》进行学术批评的著作；在文学上，他著有《人间词话》，提出"境界"与"意境"说；在史学上，王国维是最早对甲骨文进行识读且取得突破性成就的学者之一，他首创"二重证据法"，将甲骨文与存世文献进行对照分析，使商朝历史成为信史。

浙江先贤的学术传统，是我们不朽的楷模。

浙江省社会科学院坚持以马列主义、毛泽东思想、邓小平理论与"三个代表"重要思想为指导，全面贯彻落实科学发展观，在省委、省政府领导下，坚持以科研为中心，坚持以浙江改革开放和现代化建设的重大理论与实践问题为主攻方向，重视基础理论研究，加强应用研究，突出浙江特色，强化为省委、省政府决策服务和为全省两个文明建设服务的功能，为发展我国哲学社会科学事业作出贡献。为了更好地发挥传承文明、创新理论的功能，推进"精品工程"和"人才工程"的实施，从2001年起，浙江省社会科学院设立浙江省省级社会科学优秀学术著作出版资金，陆续推出一批有较高学术价值的科研成果；从2004年起，又与社会科学文献出版社合作编辑出版《中国地方社会科学院学术精品文库·浙江系列》丛书，使科研成果的出版更加规范化、制度化，扩大了浙江省社会科学院的学术影响。

这些学术成果，有的重视社会调查，重视数据的收集与分析，关注浙江社会经济发展的现实问题；有的致力于乡邦文献的整理、地方史事的钩沉以及区域文化的理论探讨；当然，其中不乏越出地域之囿、站在学术前沿的创新之作。这些成果，或许还存在这样、那样的不足，有些问题在学术上还有争论，有的还有待社会实践以及学术自身的发展来检验，但它们有鉴别、有批判、有创新，这正体现了浙江学术的优秀传统。

林吕建

2009 年

前　言

　　农村劳动力由农业部门向非农业部门转移、从农村向城市流动，是发展中国家农业转型和经济增长的重要特征。国际经验表明，劳动力由农业部门不断流向工业部门，为工业产出持续增长提供了劳动力资源，同时减少了农业中的剩余劳动力，缓解了人地矛盾。随着工业化、城市化进程的加快，我国也出现了大规模的劳动力流动。1999~2000年，我国农村非农就业人口增加了500万，相当于一个省会城市的人口数量。毫无疑问，农村劳动力转移和非农就业对城市第二、第三产业的发展作出了重要贡献。但劳动力脱离土地对农地经营方式和生产效率将产生怎样的影响还不十分清楚。大多数关于劳动力转移的文献更加侧重对农村劳动力参与非农就业的规模、动机、影响因素的研究以及劳动力转移对区域经济增长和农民增收的影响等方面的探讨。在近年来的农地利用研究以及农业政策中，完善农地产权制度往往被认为是促进微观农户提高农地利用效率的主要途径。劳动力转移和非农就业还没有被作为主要的解释变量引入研究模型。而劳动力是与土地结合最为紧密的生产要素，劳动力大规模脱离土地对农地利用及其效率的影响不容忽视。但目前从劳动力转移角度考察农地利用效率的研究尚不多见，且缺乏系统的分析框架。

就农业部门而言，劳动力的外流势必引起农地经营方式和效率的变化。一方面，劳动力转移有利于减少农业部门的剩余劳动力，从而缓解农地的压力，促进土地规模经营；同时，劳动力转移有利于增加农民收入，增强农业投资能力，进而促进农户的土地投入。另一方面，劳动力转移也可能会引起农业劳动力的季节性短缺，如果没有足够的替代要素投入将会影响土地的生产能力。在这两方面综合作用下，农村劳动力对农地利用效率的影响是积极的还是消极的，亟待进一步研究和检验。基于此，本书提出了劳动力转移是否影响土地利用效率，在哪些层次影响土地利用效率，如何影响土地利用效率，影响的结果如何，是否应该坚持促进劳动力转移的政策一系列问题，试图从理论和实证两方面深入探索劳动力转移对农地利用效率的影响，探讨劳动力大量转移、耕地快速减少背景下，提高农地利用效率，均衡推进工业化和农业现代化，最大限度地释放劳动力转移对农地利用的积极影响，消除不利影响的对策选择。

本研究应用经济学的相关理论和方法，从劳动力转移和农地利用效率的内涵入手，构建农村劳动力转移影响农地利用的分析框架。劳动力转移是农村劳动力从欠发达地区的农业流向发达地区的工业部门以及第三产业的过程。本书认为在中国语境下其内涵可以解读为三个层面：部门转移、地区转移、农户配置。部门转移指劳动力在工、农业部门间的配置；地区转移指劳动力从欠发达地区的农业跨区域流向发达地区的工业部门；农户配置则表现为家庭成员或部分家庭成员参与非农就业，表现为农户兼业，即"半工半耕"、"男工女耕"的兼业化经营。在这三个层面上，劳动力转移影响农地利用效率的机制存在一定的差异，同时，由于研究尺度的不同，农地利用效率的表征和测度方法也不尽相同，本书主体部分运用不同的理论和分析方法对此进行了具体分析。

本书主体的第一部分从劳动力在工、农业部门间配置的角度分析了人地比例及其变化与农地利用效率的关系。小农经济、二元经济理论分别自农业内部和农业外部分析了人地比例及其变化与农地利用效率的关系。综合分析这些内容发现，农地资源的人口压力过大是制约农地利用效率提高的主要障碍，造成这种现象的原因在于农业生产的"过密化"和"内卷化"。国际劳动力的转移也表明，没有土地经营规模的扩大，劳动生产率很难得以提高。我国20世纪90年代中期以来劳均耕地面积和农业劳动生产率的低水平缓慢增长印证了这一点。从美国和日本的农地利用方式和效率的演进来看，推进劳动力转移、扩大人均土地经营规模依然是未来提高农地利用效率的首要选择，同时要按照比较优势原理，在农业内部重点创新并推广劳动密集型、土地节约型的技术而非机械化等劳动节约型的技术。

本书主体的第二部分借鉴新经济理论和生产要素流动模型，从理论上探讨了劳动力、资本在欠发达地区与发达地区之间的流动对农地利用的影响机制，并用实证研究检验了劳动力跨区域流动与区域农地利用效率差异的关系。根据本书构建的地区间生产要素流动模型，劳动力从欠发达地区流向发达地区改变了欠发达地区内部的劳动、资本和土地要素配置比例，对欠发达地区的农地利用将会产生农业劳动力资源短缺、促进规模经营以及收入转移三种效应。三者的影响方向不同，总的影响程度和方向需要用数据进行检验。研究中采用DEA方法测度了农地生产效率衡量区域层面的农地利用效率，并结合1990年、1995年和2000年的人口普查资料和农业经济数据，构建了一套包含28个省份三个年度的面板数据集，以及一套包含28个省份1990～2000年十年间农地利用效率变化量、劳动力迁移规模变化量以及相关的农业经济数据的横截面数据集。对这两套数据的统计和计量发现：劳动力省内转移促进了农地利用效率的提高；而劳动力跨省转移对劳务输出地区农地利用效率的影响还不能十分确定；另外，劳动力大量流入对迁入地的农地利用效率存在负面影响。

本书主体的第三部分以农户为研究单位，借鉴经典农户经济学理论，构建了劳动力转移对农地利用效率的微观影响的两阶段分析模型，将非农就业对农户土地利用行为的影响区分为配置效应、兼业效应、投资效应，并利用2005年江西农户调研数据对三种效应进行了计量检验。分析结果显示，非农就业显著地促进了土地的流转，改变了农户投入的结构特别是增加了雇佣劳力和机械对自家劳动投入的替代，但没有明显提高总的土地投入水平，同时兼业效应表现不显著。这说明，非农就业有利于打破土地均分模式下资源配置的低效率，但没有明显改进农地利用的技术效率；土地投入水平不仅取决于非农就业带来的投资能力的提高，还取决于土地的经济收益等其他因素；在劳动力仍然大量剩余的欠发达地区，农户非农就业对农地利用效率没有明显的消极影响。

在上述理论和实证分析的基础上，本研究得出如下结论和启示：(1) 我国大规模的劳动力转移没有显著提高人均土地经营规模，较小的经营规模依然是制约农地利用效率提高的重要障碍，推进农村劳动力的转移，扩大农地经营规模依然是必须坚持的政策取向。(2) 减少农村劳动力的存量是提高区域农地利用效率的关键。目前农村劳动力跨地区转移没有对劳务输出地的土地利用效率产生消极的影响，相反劳动力省内转移对促进农地利用效率的贡献十分显著。因此除了鼓励农民到发达地区就业之外，更重要的是创造本省内的就业机会，鼓励农民省内非农就业。(3) 参与非农就业是微观农户土地利用效率提高的必要而非充分条件。非农就业加速了农户间土地的流转和优化配置，但没有带来土地投入和产出水平的明显增长。原因可能在于农业劳动力仍然大量剩余以及农地比较效益低下，因此要释放劳动力转移的土地经营规模化、专业化效应，将非农就业带来的投资能力转变为现实的投资，必须促进农户彻底离农，并通过农业新技术创新、农业产业结构优化等方式提高农业的收益能力。(4) 农村劳动力大量流入对劳务输入地的农地利用效率存在消极影响，实践中需要制定相应措施来减少和克服这种负面影响。同时，劳动力大量流入对劳务输入地农地利用的负面效应没有被包括在本书的理论分析模型中，因此，这一发现完善和拓展了区域层面的理论分析框架。

关键词：农地利用　劳动力转移　部门配置　区域配置　农户配置

Introduction

It is one of the key characteristics of developing countries that the rural labor force shift from the agriculture sector to the non-agriculture sector, from the countryside to the city during economic growth. The international experience indicated that the labor force migration enhanced the industry sector by providing plenteous labor supply, and simultaneously reduced the surplus-labor in agriculture. Along with the rapid industrialization and urbanization, large-scale labor force flow was also witnessed in China. The off-farm employed rural population increased by 5 million from 1999 to 2000, as large as the total population of a capital city in China. There is no denying the fact that the rural labor shifting to off-farm jobs has contributed to the national economic growth and rural poverty eradication. As for the agricultural sector, however, it is still ambiguous whether the labor force outflow would affect the rural households' farming strategies and then the farmland use efficiency. The existed literatures on labor migration are abundant, though most of them are urban and economy oriented, focusing on the scale of rural labor migration and its driving factors and the effects on urban economic growth. In recent years the land property reform has been focused as an available approach to promote land use efficiency on farm level by both researchers and policy makers. Labor force and land, as the most important farm production factors, are seldom introduced to research model. The outflow of farm labor from land will affect land use unavoidably. So far, there is little systematic analysis framework on this issue.

As for farm sector, the outflow of labor changes the proportion of land and labor. On the one hand, labor transfers help reduce surplus labor in the agricultural sector to ease the pressure on agricultural land, and increase farmers' ability to invest in agriculture, thus contributing to the scale economy of farmland and its efficiency improvement; On the other hand, the labor force may also cause (seasonal) short of agricultural labor force. If there are not enough substitution factor inputs, the productive capacity of the farmland may probably be affected negatively. However, it is not known which effect mentioned above dominates yet. Therefore, this research tends to answer the following research questions. Has the rural labor migration affected the farmland use efficiency? How does the rural labor shift affect the farmland use efficiency? What are the results of the effects? Is it proper to hang on the positive policies on rural labor migration? This thesis aims to explore the policy choice of promote farmland use efficiency under the context of large scale rural labor migration and rapid urbanization.

To understand rural labor force migration in China, the concept of labor migration has been divided into three aspects in this book, namely agriculture to non-agriculture flow, inter-regional and intra-regional flow, and farm to off-farm flow in households. Then the author builds a national-regional-farm level analysis framework, and employed national statistics data, provincial panel data and farm survey data to examine the relative theory models.

From the allocation of labor force between agriculture and industry sector, the first part of the thesis analyzes the man-land ratio and change and the relationship between agricultural land use efficiency. Comprehensive analysis of Peasant Economy Theory and Dual Economy Theory finds that population pressure on agricultural land resources remains the major obstacle to land use efficiency in agriculture, which is due to the "involution" phenomenon in China's agriculture. International experience of labor migration also shows that labor productivity is difficult to be improved without expansion of land scale. It is confirmed by the fact that China's cultivated land area per agricultural labor and labor productivity has experienced a slow growth on the low level since the mid-nineties. Learning from the United States and Japan, promoting the rural labor transfer and expanding the scale of farm then to improve the efficiency of agricultural land use is still the first choice in the future. At the same time, to achieve the comparative advantage it is proper to promote the technical innovation and labor-intensive, land-saving technologies rather than the mechanization of labor-saving technology.

On regional level this book explores the mechanisms of the impact on agricultural land use by labor migration and capital flow from less developed regions to developed regions. The empirical studies examine the impact of cross-regional flow of labor force and regional differences on the efficiency of agricultural land use. This study builds an inter-regional movement of factors of production model. The rural labor flow out from less-developed areas to developed areas, which has changed labor, capital, and land ratio within the less developed areas. The agricultural land use in less developed areas will generate three effects, namely the agricultural labor shortage; scale economy of land and income increase. Since the impacts of the three effects are in different directions, the overall impact and direction need to be further examined by data. DEA method is used to measure the regional farm land use efficiency. Combined with 1990, 1995, and 2000 population census and agricultural economic data, the author built a set that contains 28 provinces, the three-year panel data sets, and a set that contains 28 provinces in the decade 1990-2000, the change in agricultural land use efficiency, labor migration, as well as the change in the size of the corresponding cross-section of agricultural economic data sets. It is found that the labor migration within a promotes the efficient use of agricultural land; and the influence of inter-provincial labor flow to labor export areas' agricultural land use efficiency can not be quite sure; In addition, large inflows of rural labor affect land use efficiency in the destination provinces negatively.

The third part of the study is on farm household level. This study adopts peasant economics theory and builds a two-stage model to explain the relationship between off-farm employment and agricultural land use efficiency on household level. With the impact of off-farm employment, land-use practices of farmers could be divided into allocation effects, and off-farm effects, the investment effects. Using household survey data in Jiangxi in 2005, the econometric study examines the three effects. The results show that off-farm employment significantly promote the marketization of farm land and change the inputs structure on farm. In particular, the off-farm employment increase farmers' inputs on farm machinery and wage labor for their own alternative. However, the total land input level does not increase.

The performance of off-farm effects is not significant. These results indicate that non-farm employment may help to break the land-sharing mode and the low efficiency of resource allocation, but could not improve the technical efficiency of agricultural land use significantly. The level of land inputs is not only decided by off-farm employment, but also depends on the economic benefits from the farm. In the less developed regions with large surplus rural labor force, rural households participating off-farm work does not release any negative impact on agricultural land use efficiency.

This study investigates conceptually and empirically the influence of rural labor migration on land-use efficiency and achieves the following conclusions and suggestions. (1) China's massive labor migration has not increased the per capita land scale significantly, and the small farm scale has still restricted agricultural land use and remains a major obstacle to improve land use efficiency. Therefore, it is proper policy orientation for China to promote the rural labor migration and expand the farm scale. (2) Reducing the stock of the rural labor force is the key to improve the regional agricultural land use efficiency. The econometric study of the provinces finds that at present the rural labor migration does not affect the efficiency in land use negatively. On the contrary, the outflow of rural labor force within a province contributes to agricultural land use efficiency significantly. Therefore, besides encouraging farmers to go out to work in the developed provinces, it is also important to create off-farm job opportunities in their home provinces. (3) To improve the efficiency of land use on farm level, participation in non-agricultural employment is a necessary but not sufficient condition for farm households. Non-agricultural employment has accelerated the land transaction among farmers and optimized the land allocation, but has not brought the increase of land inputs and outputs. The reasons may lie on the large number of surplus agricultural labor force, as well as the low income from land. In order to release the potential positive effects of off-farm employment, this study suggests that the policies on facilitating marketization of agricultural products and agricultural technology spread have to work together with the policies on off-farm employment promotion. (4) The influx of rural labor to the developed provinces, in particular, has already decreased the land use efficiency there. In practice, we have to develop appropriate measures to reduce the negative impact. On the other hand, the negative effect has not been included in the theoretical analysis model, which improves and expands the theoretical analysis framework on the regional level.

Key Words: Farmland use; Labor migration; Labor allocation between agriculture and non-agriculture; Regional labor allocation; Off-farm employment

目　录

Contents

绪　论

一　问题提出

　　农村劳动力由农业部门向非农业部门转移、从农村向城市流动，是发展中国家农业转型和经济增长的重要特征。根据欧美等发达国家工业化的经验，劳动力由农业部门不断流向工业部门，为工业产出持续增长提供了劳动力资源，同时减少了农业中的剩余劳动力，缓解人地矛盾，推动农业现代化，最终实现了由农业社会向现代工业社会的转型。

　　新中国成立后，我国的农村劳动力大致经历了改革开放前的基本静止和改革开放后的大规模流动两个阶段。新中国建立之初，我国采取了重工业优先的发展战略，通过实行严格的户籍制度和城乡差别的社会福利制度，割断了城乡经济社会联系，限制了农村人口向城市的流动。人民公社体制的建立进一步从农业内部限制了劳动力的外流，农民被牢牢地固定在土地上。20世纪80年代的农村改革，首先放松了对农产品和要素市场的管制，这期间乡镇企业的发展带动了农业劳动力向农村内部非农产业的"就地转移"，实现了农村剩余劳动力在农村的就地转移和消化。随后，城市改革和沿海对外开放加快了沿海地区的工业化进程，大量农村劳动力流向珠三角、长三角等发达地区，实现了空间上从农村到城市的转变，也就是所谓的"异地转移"。据统计，1978～2002年异地转移的劳动力约占劳动力转移总量的59%（丁兆庆，2005）。虽然政策的松动和乡镇企业的发展开启了劳动力转移的大门，但在城乡分割的二元体制下，城市和农村在社会保障、教育医疗等公共服务的供给上存在明显差别，阻碍劳动力自由流动的"门槛"仍然很高。农村仍是绝大多数外出打工农民的最终归宿，土地依然是农民最重要的生存保障。既不能彻底脱离农村也不能在城镇定居，大多数转移的农村劳动力实际上是往返于城镇和农村，农闲时期外出务工，农忙时期返乡务农，形成了独具中国特色的"民工潮"。

规模空前的劳动力转移给农业、农村和农民个人带来了深刻的影响。从积极的方面来看：（1）大量农业劳动力流向城市和非农产业，减轻了人口对耕地的压力，缓解了农村的就业矛盾，为土地生产率和劳动生产率的提高提供了条件；（2）劳动力流动大大增强了农业和非农业之间、农村和城市之间在生产要素、资金、信息、文化等方面的交流，从而打破了农村的封闭状况，有利于城乡二元结构的消除；（3）来自非农产业的收入在很大程度上提高了农民的收入，特别是缓解了农村落后地区的贫困问题，非农活动逐渐成为农村经济增长的重要动力，并为农村地区的基础设施建设和社会投资提供了资金保障，从而有利于农业生产技术的改进和农业的现代化（朱农，2004）。从消极的方面看：（1）青壮年劳动力的大量外流使得劳务大量输出地区的农业劳动力供应趋于紧张，如果没有足够的替代要素投入将会影响土地的生产能力，进而对农产品的供给产生威胁。（2）外出务工劳动力收入的增加多大程度上会增加农业的投资也存在疑问。de Brauw 和 Rozelle 2008 年的研究发现劳动力转移与用于提高家庭生产能力的生产性投资之间不存在显著的相关性。（3）劳动力转移不彻底会带来农户土地经营模式的兼业化。虽然兼业经营是我国农户在现行制度安排下的理性选择，但兼业化的确对家庭土地利用方式和效率造成了深刻的影响。据测算，1999 年我国兼业户的比例高达 53%（梅建明，2005），目前已经超过 70%（向国成，2005）。这种"半工半耕"、"男工女耕"的兼业化经营可能导致农户耕地经营规模趋小和农业"副业化"，造成农业生产的粗耕粗种、弃耕抛荒、掠夺式经营等现象（王图展等，2005）。而且兼业户把土地作为非农就业的保障而非创造收入的生产要素，这不利于促进土地流转、土地经营规模的扩大和农业的生产经营效率的提高。（4）在农业劳动力不足的情况下，农民往往依靠增加土地利用的集约度和其他要素（机械、雇工、化肥、农药等）的投入来提高作物产量。其中化肥、农药的过度使用降低了土地的长期生产能力，危及土地的可持续利用。早在 20 世纪 80 年代中后期，由劳动力非农化而导致的农村土地资源低效利用的效应就已有所表现。林毅夫在解释 1984 年后中国农业产出增长放慢的原因时就指出，农村劳动力的加速外溢是一个重要的原因（Lin，1992）。

毋庸置疑，农村劳动力转移作为生产要素优化配置和经济社会结构变迁的过程，对于提高资源的配置效率和促进社会融合具有积极的推动作用。然而与其他国家相比，我国人口数量庞大，地区差异显著，城乡二元结构根深蒂固，户籍制度和城乡差异的社会保障体制增加了农村转移劳动力定居城市的障碍。在这些因素的共同作用下，我国的劳动力转移呈现出规模庞大、流动性强和转移不彻底的特征，这在一定程度上限制了劳动力转移对农业发展的积极作用的发挥。基于此，本书尝试对劳动力转移过程中的农村土地问题进行总结和梳理，深入剖析劳动力转移对农地经营方式和效率的影响，特别是劳动力跨地区流动与不彻底转移影响农地利用的表现和机制，探索我国均衡推进工业化和农业现代化、消除劳动力转移对农业和农地利用不利影响的对策选择。目前学术界对这方面的研究相对较少且缺乏系统的分析框架。已有研究分析了农村劳动力转移的规模、影响因素以及劳动力转移对经济增长和缩小收入差距的作用。从研究的视角来看，大都具有城市中心和经济中心的倾向，从"农业和农村"的角度考察劳动力转移问题的较少，也有学者开始应用社会学的理论和方法关注劳动力转移背景下，农村留守妇女、儿童、老人和农村社区发展等问题。本书应用经济学的相关理论和方法，构建了劳动力转移过程中农地利用问题的分析框架，应用实证数据资料分析了劳动力转移对农业产出、农业劳动生产率以及农户土地利用行为的影响，这无疑对改变劳动力转移问题的研究视角，增强理论的系统性具有重要的现实意义和理论价值。

二　相关概念界定

为了避免产生概念理解上的偏差，此处有必要对本书中一些重要名词或概念进行定义和说明，并借此划清研究的范围。主要说明的概念包括农村劳动力转移、农地利用效率和农户兼业。

（一）农村劳动力转移

（1）农村劳动力与农业劳动力。很多现有研究并没有对农村劳动力与农业劳动力做细致的区分。一般用农村劳动力来泛指有农村户口的成年劳动力。但严格来说，农业劳动力不同于农村劳动力。首先，农业劳动力是按照劳动力所从事职业的性质划分的，与此相对应的经济学范畴是非农业劳动力；而农村劳动力是按照劳动力所从事职业的地域划分的，对应的经济学范畴是城镇劳动力。其次，两者在数量上是不相同的。农业劳动力是指在农村从事第一产业的劳动力；而农村劳动力既包括在农村从事第一、第二和第三产业的所有劳动力，而且也包括一部分户籍在农村、工作在城镇的劳动力。那么，本书在实证研究部分，为了数据的准确，采用了农业劳动力；在论述部分则尊重现有文献的习惯，不对两者做特别区分。

另外，农业劳动力有狭义和广义之分。狭义的农业劳动力是指从事农作物种植业的劳动力；广义的农业（我国统计数据中所使用的第一产业概念）劳动力是指从事农作物种植业、养殖业、林业、畜牧业、渔业的劳动力。本书宏观和区域层面所使用的是广义的农业劳动力概念，而微观层面所使用的是狭义的农业劳动力概念。

（2）劳动力转移的分类。改革开放以来，我国的劳动力转移形式多样，陆学艺等1990年将各种劳动力转移形式形象地总结为三种，分别是"离土不离乡，进厂不进城"、"离乡不离土，离乡不进厂"、"离土又离乡，进厂又进城"。这里"土"是指土地和农业，是个产业概念；"乡"是指乡村，是个地域概念。现有统计数据则将我国农业劳动力就业划分为五种类型：农业劳动力、在本乡内就业的农村转移劳动力、在县内乡外就业的农村转移劳动力、在省内县外就业的农村转移劳动力、跨省就业的农村转移劳动力。除此之外还有很多分类标准，如按转移的时间界限将劳动力转移划分为永久转移和暂时转移；按是否脱离农业分为兼业转移和分业转移；按空间特征分为就地转移和异地转移；还可以按转移的速度分为迟滞转移、适度转移和过度转移。

由于农业劳动力转移的过程涉及众多影响因素，单一标准的分类无法准确反映农业劳动力转移的特征，要将各类农业转移劳动力彻底区分开，确实是项复杂的工程。正因为如此，目前国内对各类农业转移劳动力尚无统一的分类标准。根据本书的研究目标，结合已有的分类标准，针对当前农村劳动力的职业转换和空间变换特点，本书将农业劳动力与产业、空间、土地的关系结合起来，选取劳动力是否从事非农工作、是否跨地区转移、是否彻底脱离土地三个标准，对目前农户家庭劳动力转移进行分类。

首先，按照劳动力是否跨地区转移划分为就地转移（本地转移）和跨区转移（异地转移）。就地转移在我国主要包括两方面内容：一是通过农业经济的内部发展，实现农业劳动力在广义农业内部的转移，向农业生产的广度和深度发展，也就是"不离土不离乡"模式；二是调整农村产业结构，大力发展农村第二、第三产业，让农民从事非农产业的工作而导致的转移，也叫做"离土不离乡"模式。异地转移是农业劳动力跨地区的转移，主要指农业劳动力向城镇的转移或者向境外的转移，即"离土又离乡"模式。结合现有统计数据的分类，本书中就地转移指的是县内就业，跨区转移指的是县外就业。

其次，在农户层面，按照是否有家庭成员从事非农工作和是否脱离土地，可以将农户划分为纯农户和兼业户。纯农户是指生活在农村，家庭劳动力没有从事任何非农工作，以农业生产活动为主要经济来源的农户。兼业户是指生活在农村，部分家庭劳动力从事非农工作，部分从事农业生产活动的农户，或是已经不从事农业生产活动但仍然拥有土地的农户。

（二）农地利用效率

农地利用是人类通过与农地结合获得物质产品和服务的经济活动过程，是人类与农地进行物质、能量和价值、信息的交换、转换的过程（毕宝德，2005）。之所以进行农地利用活动是因为它能满足人类的某些需求。农地的功能可以理解为如下三个层次：首先，对整个社会的生存和发展的保障功能。农地为其他社会部门提供基本生活资料，进而承担了对整个社会的生存和发展的保障功能；其次，对农民的生存保障与就业保障功能。农地在最基本和最传统的意义上为农民提供了最必需的基本生存资料和最简单而原始的就业途径；再次，作为市场要素的农地还具有流通或交换功能。在市场经济下，当人类的农产品需求得到了持续的基本满足之后，农地逐渐以市场要素的形式在与其他市场要素的流通或交换过程中参与了更高层次的价值与意义的形成。

因此，农地具有多功能性。这种多功能性就决定了农地利用效率的评价可以是多角度的。已有研究中农地的经济效益、利用的集约程度、利用结构和方式及其变化都从不同方面反映了农地利用效率。农地可持续利用评价领域的研究则将农地利用的生态和社会影响也囊括在内。可见，根据研究内容和研究尺度的不同，可以从不同角度，采用不同方法和指标对农地利用效率进行定义和测度。

根据研究对象和研究目的，本书从三个层次上理解和测度农地利用效率。本书采用土地生产率和土地上的劳动生产率来表征全国层面的农地利用效率；区域层面的农地利用效率则采用数据包络分析（DEA）进行测度；在农户层面则通过农户参与土地流转的状况和土地投入状况来反映，其中农户参与土地流转体现了农地的配置效应，而土地投入则反映了微观农户生产的技术效率。

（1）土地生产率。土地生产率是反映土地生产能力的一项指标，通常用生产周期内单位面积土地上的产品数量或产值（包括产值、净产值）指标来表示。某一地区某种土地生产率的高低，除了取决于土地本身的特点和自然条件外，还受到社会经济条件（如人口素质、交通运输、经济发展状况、科学技术水平等），劳动力、资金、技术的投入水平，耕作制度，土地利用方式，经营管理水平等因素的制约和影响。在给定的技术水平下和相同的自然条件下，土地的生产率主要取决于物质和劳动力的投入。本书中评价土地生产率的指标主要有两种。

以实物量表示的指标：农作物亩产量 = 农作物总产量/农作物播种面积；

以货币量表示的指标：每亩耕地面积种植业产值 = 种植业总产值（增加值）/ 耕地面积。

（2）劳动生产率。劳动生产率是指劳动者在一定时期内创造的劳动成果与其相适应的劳动消耗量的比值。土地上的劳动生产率一般用每个农业劳动力在一年内生产的农产品产量（或产值）表示；也可以用生产单位农产品所耗费的劳动量来表示。劳动量可以按工时、工日、人年计算。本书中评价土地上的劳动生产率的指标主要有两种。

以实物量表示的指标：劳均农作物产量 = 农作物总产量/劳动

力人数；

以货币量表示的指标：劳均农作物产值 = 农作物总产值（增加值）/劳动力人数。

（3）数据包络分析（DEA）。数据包络分析（DEA）是以相对效率概念为基础发展起来的一种效率评价方法。本研究中应用此方法测度规模报酬可变条件下农地利用的综合技术效率（TE）、规模效率（SE）与纯技术效率（PTE）。综合技术效率 TE 可以分解为规模效率（SE）与纯技术效率（PTE）的乘积。详细的应用参见第四章。

（三）农户兼业与劳动力不完全转移

农户兼业是指农户作为一个独立的生产经营单位既从事农业生产又从事非农业生产的多元化经营形式。兼业化是指一个地区的农户采取兼业经营形式的普遍化程度，常用兼业农户占该地区农户总数的比重来表示。如果农户兼业化程度随着时间推移出现提高则称为农户兼业深化。农户兼业化程度的不同暗含了地区之间农户结构上的差异。兼业不包括（狭义）农业内的职业多样化，而是传统农业和传统意义上的非农业（可以包括广义的农业）之间的职业多样化，因为我们考虑的是劳动力的转移和非农化。农户兼业现象本身有丰富的内涵，它既是微观主体的理性选择行为，又是影响大规模的人口流动的宏观总体行为，既是一种家庭内部分工和社会范围内的分工发展现象，又是一种历史形成但正在转型中的制度现象。

劳动力不完全转移的意思是虽然目前我国已有大批农村劳动力转向了非农产业，但在大部分地区劳动力转移只是作为生产要素的空间位移，转移出去的劳动力并没有真正脱离土地。在农户层次上表现为部分家庭成员从事非农就业，也就是兼业经营。因此，在本研究中劳动力的不完全转移与农户兼业化内涵一致，使用"劳动力不完全转移"这一提法是为了保持整个逻辑框架的统一，具体分析时用兼业化、农户家庭非农就业的特征等来描述和衡量劳动力不完全转移。

本书的实证研究在上一节将农户区分为纯农户和兼业户的基础上，依据非农收入水平和来源对兼业农户进行进一步细分。首先，依据非农收入占总收入比重衡量兼业程度，非农收入比重越大，兼业水平越高。根据兼业程度的不同，可以将兼业户分为两类。第一种兼业农户（简称"I兼户"）指以从事农业为主，兼从事非农经营（包括外出务工），家庭收入以农业收入为主，非农收入比重小于50%的农户；第二种兼业农户（简称"II兼户"）指以从事非农为主（包括外出务工），兼从事农业经营，非农业收入比重超过50%的农户。其次，根据非农收入来源地不同，又可以将兼业区分为本地非农就业和异地非农就业两种模式。已有研究中对本地和异地的划分并不统一，区域尺度的研究一般以县域或省域作为界限来划分"本地"和"异地"。考虑到该部分研究内容在本书中处于微观层面，因此，本书中本地非农就业指的是在本县内从事非农务工，县域以外则称为异地非农就业。

（四）土地投资

土地投资指农户在地块上用于农业生产的投资，一般可以分为长期投资（如梯田建设、石灰改善土壤质量、实施绿肥和有机肥等）和短期投资（使用化学肥料、杀虫剂、除草剂等）。因此，无论是长期投资还是短期投资都是为特定地块上的农业生产服务，投资目的是直接提高农业产量或改善农地生产力，且与特定地块密切相连，因此并不包括农用机械、生产工具、运输工具等与特定地块不相连的投资。由于投资产品的性质不同，短期投资和长期投资对地块质量的影响完全不同，短期投资往往以提高短期内土地上的产量为目的，忽视土地长期生产力的保护，而长期投资的主要目的是提高土地长期生产力，维持土地资源的可持续利用。鉴于样本缺乏长期连续的数据，本书应用截面数据重点考察了非农就业对农户在土地上当年的生产性投资的影响，主要包括化肥、农家肥、自家劳动力投入以及雇佣劳动力和机械。

（五）土地流转

土地流转是指土地作为一种生产要素在农业生产者之间流动，从而达到土地资源优化配置的过程。土地流转的形式可以是多样的，如租赁、转包、入股等。本研究中的土地流转仅指农地在农户个体之间的租赁，不涉及农地入股、农地转为建设用地。如果土地流转达到一定规模就可以形成土地租赁市场，发达的土地市场能够促进土地向生产效率高的农户流动，从而提高土地资源在农户间的配置效率，因此，土地流转是提高农地资源利用效率的重要手段。

三 研究目的和内容

本书的总体目标是分析农村劳动力转移过程中农地利用问题产生的机理，回答农村劳动力转移能否促进农地利用效率的提高这个中心问题。通过对这些问题的回答，加强对于劳动力转移对农地利用方式和效率的影响的科学认识，进而提出有助于减少劳动力转移对农地利用的不利影响，促进劳动力资源在城乡间和工农间的自由流动和优化配置的政策建议。为实现上述目标，本书对以下内容进行深入研究。

（1）劳动力转移进程中的农地利用问题辨析。依据时间顺序梳理新中国成立后，特别是改革开放以来我国农村劳动力转移和农地制度变迁的过程，总结现阶段劳动力转移和农地利用的主要特征，为后续研究内容提供全面的研究背景。在此基础上，根据现阶段劳动力转移特征，分别梳理其对影响农地利用方式和效率的表现。最后，结合"人"、"地"两条线索，从区域和农户两个层次剖析劳动力转移的内涵，并构建劳动力转移过程中的农地利用问题的分析框架。

（2）劳动力转移进程中我国农地利用效率变动趋势研究。回顾改革开放以来我国农业劳动力转移的历史演变，结合要素替代理论，从宏观层面分析劳动力转移与农地利用方式和效率的关系；引用权威统计数据和调查数据，应用相关分析、统计分组比较分析等分析方法，检验劳动力部门间转移对农地利用效率的影响，发现随着劳动力转移规模的不断扩大，我国农地利用效率的宏观变化趋势。

（3）劳动力跨区转移对区域农地利用效率的影响研究。从地区层面分析劳动力流动影响区域农地利用效率的过程和机理；以省份为单位测算农地利用效率，分析农地利用效率的时空差异；利用人口数据检验劳动力转移对各省份农地利用效率的影响，提出有助于提高地区农地利用效率和经济发展的政策建议。

（4）家庭劳动力转移对农地利用效率的影响研究。从微观层面分析劳动力转移不彻底对农地利用的影响，运用微观农户行为理论，构建了不同水平和模式的兼业农户土地利用行为的分析框架；劳动力转移不彻底（农户兼业化）对农户的土地利用行为的影响；检验农户兼业水平、兼业模式（本地就业与异地就业）的差异对农户土地经营规模、土地流转以及要素投入结构和土地生产率的影响。

四　研究方法和技术路线

（一）研究方法

本书采用理论分析和实证分析相结合的方法，深入阐述劳动力转移对农地利用的影响。具体如下。

（1）第二章和第三章主要使用定性分析方法，通过阅读文献，加深对中国劳动力转移历史和现状的理解，分析现阶段劳动力转移对农地利用可能产生的影响，构建一般性分析框架。

（2）第四章采用大量国内外相关统计数据，通过横向和纵向比较，分析了我国人地关系的历史演变。

经验部分使用包括 OLS 方法、Probit 模型、Tobit 模型和 Double Hurdle 模型等在内的计量经济学方法和模型检验理论部分提出的假说。

（3）第四章的实证部分使用数据包络分析（DEA）测算各省份的农地利用综合效率，并利用随机效应模型（RE）和 OLS 方法检验了劳动力跨区转移对区域农地利用效率的影响。

（4）第五章引用农户经济学，构建农户土地流转和土地投资的两阶段决策模型，实证部分使用了 Probit 模型、Tobit 模型、

OLS 方法等在内的计量经济学方法和模型检验理论部分提出的假说。

（二）技术路线

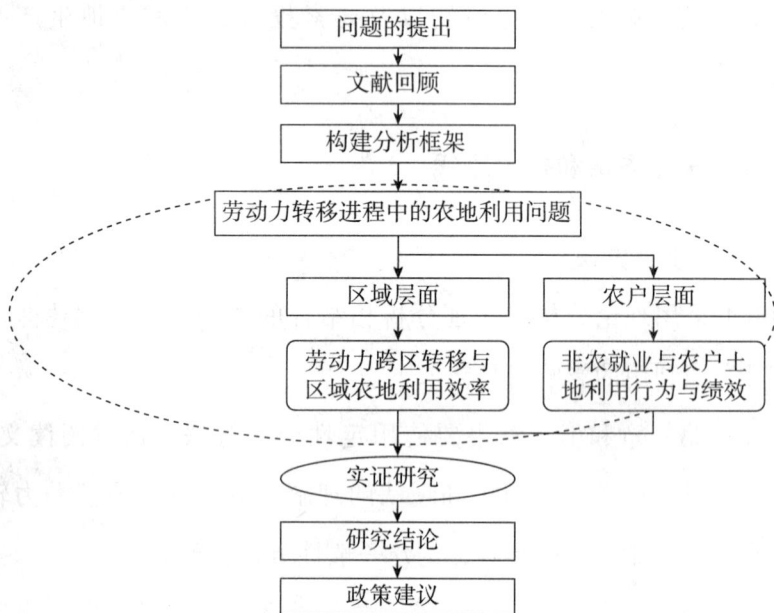

图 0 - 1　技术路线

五　数据来源

（一）统计资料

本书中采用了以下正式出版的统计资料：《中国统计年鉴》、《中国农村统计年鉴》、《中国农村住户调查年鉴》、《中国农业统计资料汇编》、《新中国五十五年统计资料汇编》及相关省份统计年鉴。这些统计数据主要用于第四章的实证研究。

（二）二手资料

已公开发表的权威文献中的数据，主要用于第三章和第四章。

（三）农户调查数据

本书第五章的实证检验使用该数据集。该农户调查数据来自 2006 年初对江西省东北部地区的三个村庄（板桥、上祝和港沿）的随机抽样调查，共采访了 316 户农民，搜集了他们在 2005 年的家庭人口、土地种植结构、农业生产投入、非农就业、家庭消费和风险态度方面的信息，得到有效样本 299 个。样本村庄的位置如图 0 - 2 所示。该调研得到国家自然科学基金"区域要素市场发育与农业自然资源可持续利用管理研究"（编号：70403007）的资助。

图 0 - 2　样本村庄地理位置示意图

三个样本村的区位特征：板桥村坐落在丘陵地区，拥有较好的市场通达度，位于主要城市 10 公里范围之内，村庄规模较小，村庄经济水平中等；上祝村位于山区，中等规模，交通设施较差，距县城约两小时车程，村庄经济发展水平落后；港沿村最大，坐落于平原地带，距主要城市约20公里，交通便利，村庄经济水平较高。这三个村落在各自的自然资源禀赋、经济发展、道路通达度、地理环境等方面表现出高度的差异性，具有较强的代表性（见表0-1）。

表 0-1 样本村的基本情况

村庄特征	板桥（N=52）	上祝（N=98）	港沿（N=166）
所属行政区	鹰潭市余江县	鹰潭市贵溪县	上饶市铅山县
村庄地形特点	丘陵	山区	平原
距离主干道距离（km）	5	10	3
道路通达状况	一般	极差	好
村庄人口（人）	257	529	721
含自然村数量（个）	4	16	7
人均耕地面积（亩/人）	1.23	1.14	1.63

选择该地区主要有两个因素：首先，人多地少是我国农业生产的资源禀赋特征，目前农业生产规模化仍然不具有普遍性，该地区农业生产以农户小规模家庭经营为主，在全国具有代表性；其次，江西省是向沿海地区转移劳动力最多的省份之一，样本地区的工业化水平较低，农村劳动力外出就业和农户兼业化现象明显。

江西是我国农村劳动力外出就业的大省，1993年以后，江西每年都有数以百万计的农村劳动力走出家乡，外出务工，农民进城就业已经成为江西农村劳动力转移的主要渠道，也是农民增收最直接、最有效的途径。2006年江西省农村劳动力外出务工人数达665.92万人，同比增长2.51%，占农村劳动力比重的35.5%。外出务工农民共创造收入542.6亿元，较2005年增长12.6%，务工农民人均收入达 8147.6 元，每人寄回或带回现金 2981.2 元。全省农民人均外出务工纯收入 976.19 元，同比增长 9.16%，对全省农民增收贡献率达 25.70%，外出务工收入成为农民增收的重要来源。毫无疑问，大量的劳动力转移必定对江西的经济、社会产生影响（李冬明，2007）。

六　可能的创新与不足

本书将农村劳动力转移与农地利用方式和效率的关系有机联系在一起，具有鲜明的特色。运用现代经济学理论，构建农村劳动力转移影响农地利用效率的多角度分析框架，以统计分析和计量模型为主要实证研究方法，检验了劳动力转移在不同研究尺度上对农地利用的影响。避免了空洞的说教，使结论和政策建议具有坚实的基础。可能的创新主要在于三个方面。

（1）区分了劳动力转移在部门、区域、农户三个维度的内涵，在此基础上，系统地构建了劳动力转移与农地利用方式和效率的理论分析框架；

（2）运用区域要素流动理论分析了劳动力的跨区域流动对地区农地利用效率差异的影响，并利用全国省级层面的面板数据进行了实证检验；

（3）将劳动力转移对农户土地利用行为的影响区分为配置效应、兼业效应、投资效应，并分别对其进行了计量检验。

但是受到资料、时间、经费及研究能力的限制，本研究可能存在下列两方面的不足。

（1）由于缺乏准确的省际劳动力转移数据，导致本书中观层次的实证分析不够充分。劳动力地区间的流动数据仅有 1990 年、1995

年、2000 年三年的省级层面数据，缺少 2005 年。导致区域层次的实证分析只能对 20 世纪 90 年代劳动力流动对农地利用效率的影响做检验，而没有对 2000 年以来最新的情况作出检验；

（2）微观层面样本的选择局限于江西省经济欠发达地区，微观层面的实证研究也存在样本代表性不足的问题。微观农户样本的选择局限于江西省经济欠发达地区，相对于全国来说，样本地区的代表性不够。如果能够将研究范围扩大到全国范围，研究结论则更具有普遍意义。问卷涵盖的农地利用的信息还没有具体到地块层面，这些信息的不完备使得研究结论有待进一步深入的实证检验。

第一章
劳动力转移影响农地利用的三个维度

　　劳动力转移是发展经济学研究的重要领域，对这一问题的讨论已经形成了"二元经济理论"、"新劳动力迁移经济学"（The New Economics of Labor Migration）、"推—拉理论"等诸多经典学说。新中国成立后，我国的城市农村、工农业经历了从完全隔离到逐渐融合的历史过程。随着20世纪80年代户籍制度的松动以及市场化改革的逐步推进，农村劳动力也由静止趋向流动，大量的农村劳动力在产业间、城乡间、地区间流动逐渐成为引人注目的经济现象和学术研究的热点。根据对劳动力转移内涵的界定，本章分三个层次即劳动力在产业间配置、区域间配置和农户家庭决策，回顾与评论劳动力转移对农业和农地利用影响的相关研究，并总结已有研究的成就和不足。本章为整合已有研究中的方法和成果，建立全书的研究框架提供了基础。

一　劳动力转移影响农地利用三个维度的划分

　　首先，劳动力从农业部门向非农业部门的流动，是劳动力转移的基本含义。关于劳动力产业间配置及其对农业发展的影响的研究主要以二元结构理论为代表，该理论对发展中国家的劳动力转移现象具有普遍的解释力。在这个层次上，劳动力转移的本质是劳动力资源在农业部门和非农部门之间的重新配置，是工业化的必然现象。因此，早期的二元结构理论更加关注如何满足工业扩张和城市发展对劳动力的需求，农业仅仅被认为是工业劳动力的来源。农业剩余劳动力的存在，使研究者相信，劳动力转移并不会降低农业产出，威胁农业发展，而较少关注农业劳动力减少对农业和农村的影响。但对"剩余劳动力"存在性的争论和深入研究，则表明在劳动力转移的过程中需要重视农业发展。

其次，由于我国地域辽阔，区域间工业发展不平衡，加之社会福利和公共产品供给的城乡差别，以及独特的制度环境（如户籍制度、土地制度），农村劳动力转移在我国表现出显著的跨地区迁移的特征，并且形成了明显的劳动力输出地区和输入地区。劳动力的跨区迁移其本质是劳动力资源在区域之间的重新配置。这种劳动力在地区间的配置效应主要表现为对区域经济增长的促进作用和对区域收入差距的收敛作用。但劳动力跨区转移对区域农业发展的影响尚不清晰，相关探讨主要以对农业劳动力输出地和输入地农业、农村发展状况的调查分析为主，现有研究成果较少。

最后，农村劳动力转移在很多国家的工业化进程中都显现出"不完全转移"的特征。虽然目前我国已有大批农村劳动力转向了非农产业，但在大部分地区劳动力转移只是作为生产要素的空间位移，转移出去的劳动力并没有真正脱离土地。在农户层次上表现为部分家庭成员从事非农就业，也就是兼业经营。其本质是农户对自有劳动力或劳动时间在农业和非农业之间的配置。该层次的研究主要考察了在家庭劳动力转向非农产业对农户的农业经营形式、要素投入、种植结构、土地产出和家庭消费等方面的影响。总结已有的研究成果发现，劳动力转移对微观农户的影响主要体现为三种效应：兼业效应、投资效应和土地流转效应。

本书下面将根据以上三个层次的划分，分别从产业、空间和农户角度综述劳动力转移对农业发展和农地利用的影响。

二 劳动力产业间转移与农业发展

对农村劳动力产业间转移与农业发展问题的研究可以追溯到刘易斯于 1954 年提出的二元结构理论。该理论认为在发展中国家普遍存在着二元结构，即工业发展的现代部门和维持生计的传统农业部门并存。由于传统农业部门人口过剩，生产技术简单而很难有突破性进展，由于土地数量不能随着人口的持续增长而增加，所以农业的总产量必然受到土地数量的限制，造成整个部门的边际收益递减。从长期看，农业部门的人均收入不能持续增长。在传统农业部门中，生产单位是家庭。当家庭劳动力超过最优数量时，家庭不能像企业一样解雇多余的人员，因此总产量要在全部劳动力中进行分配。这样一来，多余的劳动力就处于隐性失业状态，他们的边际产出低于农业工资，有的甚至为零，处于完全剩余状态。这些边际生产率为零的农业劳动力被刘易斯称为剩余劳动力（surplus labor）。在现代工业部门，以资本和劳动力作为主要投入。厂房、设备等物质资本可以不断累积，所以工业部门的规模和总产出可以不断扩张，不像农业那样受土地有限性和边际收益递减规律的制约。从长期看，工业部门的总产出和人均收入能够持续增长。工业部门的扩张需要大量的劳动力投入，农业部门的剩余劳动力恰好满足了这种需求。如果把过剩的劳动力从农业部门向工业部门转移，就能够增加全社会的总产出。在传统部门剩余劳动力转移完成之前，传统部门的基本生存收入保持不变，从而现代部门的工资率也相应保持基本不变。因此在剩余劳动力转移完毕之前，农业部门的总产出不会受到影响。当农业部门的剩余劳动力已经全部转移到工业部门时，农业中的劳动边际生产率将提高，农业劳动力的收入也将提高。

在刘易斯之后，费景汉和拉尼斯（1964）修正了刘易斯模型中的假设，在考虑工农业两个部门平衡增长的基础上，完善了农业剩余劳动力转移的二元经济发展思想。他们首先将剩余农民区分为两类，一类是不增加农业总产出的人，其边际产出为零；另一类是不增加农业总剩余的人，虽然边际产出不为零，但并不能满足自己的消费需求。在费—拉模型中，工农数量的转换必须经过三个阶段。第一阶段是边际劳动生产率为零的农民向工业部门转移。这部分人的转移，不会对农业总产出水平产生影响，而工业因为有更多的劳动力资源得以扩大规模。当前这部分人转移完毕后，后一类农民在工业部门的吸引下也开始转移。这时工农数量的转换就进入第二阶段。由于第二类农民的边际产出不为零，他们转出农业部门后，不仅农业总产出水平会下降，而且其他未转移的农民人均收入也会下降，当总产出下降到一定水平时，必然引起农产品（尤其是粮食）相对价格的上涨，从而迫使工业部门提高工资，增加成本。这样就妨碍工业部门的积累和扩张，进而妨碍其对剩余农民的吸纳。因此，这一阶段必须提高农业劳动生产率以补偿那些并不完全"剩余"的农民流出农业部门所造成的影响。否则，工农数量的转换就难以顺利实现。当农业部门中不再有剩余农民（不增加总产出的和不增加总剩余的）时，劳动力转移就进入第三阶段。此时，社会劳动力在工农两部门间的分配将由竞争性的工资水平决定，不仅农业部门要向工业部门继续提供剩余，而且工业也要反过来支持农业的发展。这就意味着传统农业必然转化为商品化农业，二元经济结构消失。

对二元结构模型中剩余劳动力的存在性，学术界一直存在争论。阿玛蒂亚·森（1966）虽然认同农业中存在剩余劳动力，但他发现农业劳动力的剩余是以劳动时间的剩余而不是完整的单位人的形式存在，表现为农业劳动力整体的就业不充分，而不是刘易斯等人认为的那样，表现为一部分劳动力的边际产出为零。这解释了在农业劳动力大量转移的地区，在播种或收获季节，农业中的剩余劳动力完全消失甚至出现季节性短缺的现象[①]。也有研究完全否认农业剩余劳动力的存在。乔根森（Jorgenson，1961）也构建了农工两部门模型，但他认为农业工资与工业工资一样是根据新古典学派的边际原理决定的，农业中不存在剩余劳动力。因此只要劳动力从农业向工业转移，农业生产马上就会减少，出现"粮食短缺"，为了避免这种情况，从工业化起步阶段就必须推动农业技术进步。舒尔茨（1964）在《改造传统农业》中也指出，在"劳动生产率低下，以及在没有其他重大变化的条件下，当较大部分劳动力转移走时，农业生产一般会减少"。他根据1918～1919年流行性感冒引起印度农业劳动力减少并使农业生产下降的事实，否定了刘易斯提出的印度"至少有

---

① 这种现象在我国发达地区的农村就已经出现。在农忙季节，苏州、无锡大约短缺1/3的农业劳动力。浙江绍兴县小潭村1994年非农劳动力已占70.8%，37户离土又离乡家庭承包的71亩土地中有11亩多抛荒，原因在于区域内部（本村）发展的不均衡使得部分社区农业劳动力总量供给常年性短缺（潘燕等，1995）。

四分之一的农业人口是过剩的"论断。

在否定农业中存在大量剩余劳动力的同时，舒尔茨发展了人力资本理论。他认为劳动力过剩和土地本身并非导致贫困的关键因素，低素质的人口和劳动力以外的其他要素（资本、技术、信息等）小于供应才是症结所在。二元经济结构转变的关键在于增加农业部门现代生产要素的引入并对其进行合理配置。农业的现代生产要素，就是适合贫穷农村和落后农业的既有利又有效的现代农业科技。合理配置农业的现代生产要素，就是农民不仅愿意接受和采用现代生产要素，而且必须懂得如何最好地使用现代生产要素，必须学习新的知识和技能。这种学习是农业生产率提高的基础。因此，现代农业的知识和技能本质上是向农民的投资。增加人力资本的投入，促使农民通过教育、培训、健康、迁移、信息获得等方面的投资，从而形成驾驭现代农业生产要素的能力，是农业经济增长的主要源泉。

综上所述，以刘易斯为代表的城乡二元劳动力模型考察了农村劳动力数量上的减少对农业产生的可能影响；阿玛蒂亚·森发现了个体劳动力时间配置的多样性；舒尔茨则从人力资本的视角强调了提高农业劳动力的人力资本（质量）对农业发展的重大作用。

三　劳动力跨地区流动的经济影响

劳动力跨地区流动作为要素优化配置的过程，对于促进经济增长和缩小城乡收入差距的作用在众多研究中都得到了肯定（Braun，1993；Taylor 和 Williamson，1997；樊纲，1995；蔡昉等，1999）。根据新古典经济理论，人口增长速度加快将导致人均产出增长速度降低，因此在劳动力大量迁入的地区，由于人口增长加速，导致边际产出降低；而对输出劳动力的地区，劳动力外迁减轻了当地的人口压力，有利于提高劳动生产率，因此区域间劳动力流动有利于促进地区经济的收敛（Braun，1993）。Taylor 和 Williamson（1997）利用局部均衡模型发现劳动力转移是 1870～1913 年间 OECD 国家劳动生产率和实际工资收敛的最重要因素。但劳动力的人力资本水平可能降低劳动力数量上转移带来的收敛效应（Shioji，2001），Rappaport（2005）建立了劳动力在两个国家流动的模型，假定劳动力从收入较低的小国向已经达到长期均衡的大国转移，分析发现劳动力流出降低了小国的经济增长速度，导致两国间收入差距收敛速度较慢。在国内，大规模的劳动力迁移被认为是中国地区间经济增长收敛的重要诱发因素（刘强，2001），据估算，劳动力资源配置效率的改善对经济增长的贡献达到了 20%（蔡昉等，1999）。樊纲（1995）认为当采用 GDP 来衡量地区经济差距时，劳动力流动一方面增加流入地人口，另一方面减少流出地人口，也就是通过"分母"影响地区经济，因而区域间劳动力迁移可以缩小地区差异。王德文等（2003）研究了 1985～2000 年间我国人口迁移对区域经济差异的均衡作用，认为人口迁移在 1990 年前后使十几个省份的 GDP 值平均增加了 1.5%，并使这些省份的基尼系数分别降低 1.6%～7.5%，他们还验证了省际人口迁移对地区差距的形成确实起到延缓作用。王小鲁等（2004）的研究发现了劳动力在地区间的流动对缩小地区间的劳动报酬差距和人均 GDP 差距的作用。但近年来有研究表明，区域间劳动力转移有助于缩小地区间人均收入和人均消费水平差距，但不一定会缩小人均 GDP 的地区差距（许召元，2007）。也就是说，生产要素的流动也许能够使收入更均等，但并没有使得要素报酬均等化。正如

Johnson（2002）在关于美国农业调整和迁移的文章中强调的，劳动力从农业中转移出来会受到一些因素的限制，如目的地的失业率水平高；农民的受教育水平低；迁移的成本高，当这些限制很大时，迁出就很难起到缩小从事农业和非农产业收入差距的作用。

劳动力跨地区流动对农业的影响也是相关研究中的重要课题，但目前这方面的研究成果并不丰富。国际上的研究主要集中在劳动力在国家间流动对迁出国农业生产的影响。Lucas（1987）用相对长的时间序列数据研究南非地区间劳动力迁移（从周边国家迁移到南非的矿区），对迁出地劳动生产率的影响进行实证分析，构建了劳动力迁移、国内农业生产、家禽积累等变量的实证方程。结果显示，劳动力流动对迁出国劳动生产率的影响随时间长短而变化。从短期看，劳动力流出降低了国内农业生产率，对迁出地收入水平的提高存在消极影响。但从长期看，移民汇款增加了迁出国的农业投资，进而促进了迁出地的产出。国内的研究着重于劳动力转移对劳动力输出地农业产出和生产要素配置效率的影响。马忠东等（2004）对20世纪90年代劳务输出地的宏观数据的分析表明，随着迁移率的提高，农业的就业劳动力比例大幅下降，但农业产出几乎未受影响。粮食总产量在整个20世纪90年代既未增也未降，粮食产量的年增长率总体上未受劳动力外流的影响，同时流出地的肉类产量以年均8%的速度增长。杜鹰等（1997）对1994年四川、安徽两省2820个样本户的调查数据的分析表明，农村劳动力外出就业并没有导致当地农业生产力的下降，抛荒极少发生，耕地转包量大幅度增长，但劳动力外出对畜牧业生产有比较明显的影响，外出户因为劳动力比较紧张，放弃或减少了家畜家禽的饲养，而没条件外出的农户，尤其是那些并非因为缺少劳动力而无法外出的农户，一般会把发展畜牧业当做增加现金收入的途径。农业部农村经济研究中心课题组（1996）和杜鹰等（1997）的研究显示，农村劳动力外出就业促进了输出地生产要素的重新配置，一方面使大量闲置的劳动力资源得到开发，另一方面又促进了输出地资本要素的形成，对土地要素的流转也产生了一定的积极影响。由于大量劳动力的流出，人均粮食产量有了较大的增长，显著提升了农业的劳动力生产率。在劳动力流出地社区，青壮年妇女和年长的男性是农业耕作的主力，老人和小孩则作为辅助劳力协助生产。依靠外出打工者寄回的资金，农户可以采取合作耕作、土地流转、雇佣短工和采用机械等手段来缓解壮劳力流失所带来的负面效应（马忠东等，2004）。但 Rozelle 等（1999）发现，劳动力迁移对农作物产出的直接影响显著为负；他们以河北省和辽宁省农村家庭为样本的研究证实，当一个家庭成员迁移出去不再从事农业生产时，产出急剧下降，每增加一个外出就业的家庭成员，农业产出每亩减少 101 斤，占平均产出的 14%；但这种负向影响在一定程度上被外出工作的家庭成员给家里的汇款所抵消，每增加 100 元汇款，亩产增加 44 斤。因此，劳动力转移对农业生产的影响不是单一的，而是多元的。

另外，劳动力的迁出总是与劳动力的回流相伴。在江苏省北部，回流数量占迁移总数的 1/4（蔡昉，2007），Murphy（1999）的研究发现，在江西南部两个县的样本中，有 1/3 的迁移劳动力返回家乡。赵耀辉（2002）发现，到 1998 年底，样本农户中有 38.4% 回流到家乡，其中近一半仍然从事农业。这些回流的劳动力在城市生活和非农就业中积累了资金、技能和工作经验，返乡后具有较强的创业能力。回流者对家乡经济多样化起到了推动作用（Murphy，1999；Ma，2001，2002）。

四 劳动力不完全转移与农户家庭资源配置

已有的非农就业对农业生产的微观研究大都建立在新劳动力经济学农户模型的基础上，将农业劳动力转移视为农户面临不完善的要素市场下的家庭决策（Stark 等，1985）。这些研究主要检验了在家庭劳动力转向非农产业情况下，非农收入对农户生产要素投入、种植结构、产出和家庭消费等方面的影响（Shi，2007；Wu 等，1996a，b；Rozelle 等，1999；Taylor 等，2003；de Brauw 等，2008）。本书将已有研究成果中劳动力转移对微观农户的影响归纳为三种效应：兼业效应、投资效应和土地流转效应。

（一）基于兼业效应的研究

随着我国非农就业的普遍，兼业经营出现深化趋势。农户兼业化对农业生产和农村发展的深刻影响早在 20 世纪 50 年代就引起了日本学者的关注，他们普遍认为兼业化的出现使得日本农户土地经营规模和生产效率长期得不到提高，并且日本农业的兼业化经营是其农业劳动生产率不如美国的根本原因（速水佑次郎等，2003）。我国农户兼业深化是从 20 世纪 80 年代中期开始的，相关研究开展较晚，主要是应用农户经济模型对农户的兼业行为进行分析（杨学成等，1998；梅建明，2003；贺振华，2005）。已有研究对农户选择兼业经营的动因及影响因素分歧较少，主要争论集中于兼业对农业生产的影响、与农业专业化是否相矛盾、与规模经营是否相冲突等问题。

一般认为，兼业化是农业生产力发展、土地资源稀缺和人地矛盾突出背景下，农村劳动力就业形式和结构变化的必然趋势（史清华等，2000；梅建明，2003）。同时，兼业经营也是现阶段户籍制度约束和农村社会保障体系缺失下农民的理性选择（刘君，2005）。个体小农利用生产闲暇时间在非农就业，挣取收入，既弥补了农业收入不足，也优化了家庭资源配置（肖文韬，2005）；再者，兼业经营丰富了农户的收入来源，由于收入的增加，非农就业减轻了农户对农业投资的风险（Benjamin 等，1998），有利于农户资本的积累（贺振华，2005），从而提高农户的土地投资水平（胡浩等，2003），有利于土地产出率的提高。还有的研究突破农户行为的分析框架，从家庭内部分工的角度研究，发现兼业有利于扩大农民个体的土地经营规模，从而有利于土地利用效率的提高（向国成等，2005）。但也有研究认为，大批农户选择兼业经营将导致农户耕地经营的规模趋小和农业"副业化"，造成农业生产的粗耕粗种、弃耕抛荒、掠夺式经营等现象（王图展等，2005），从而阻碍农地规模经营和专业户的形成，不利于土地利用效率的提高（速水佑次郎等，2003；贺振华，2005）。有实证研究表明，外出务工农户在拥有更多土地的情况下，平均粮食产量低于非外出务工农户（李强，2003），虽然兼业能有效地利用劳动力，但对粮食生产的负面影响较大（高强，1999）。非农就业导致的兼业经营对土地利用效率的影响仍然莫衷一是。

韩俊（1988）认为，在讨论兼业化对农户农业生产行为的影响时，不能忽视这样一个基本事实，即兼业的方式和程度不同，其影响方式和程度也会有差异。最近的一些研究通过对农户参与非农就业程度的进一步细分，发现农户适当进行兼业经营有利于土地利用效率的提高，但当兼业程度达到一定程度时就会影响土地利用效率。

梁流涛等（2008）利用数据包络分析法（DEA）以经济发达地区的农户调研数据为基础得出结论，兼业类型对农户土地利用方式和行为的选择有显著的影响，不同类型农户的投入行为、施肥行为、土地利用程度、土地经营规模存在很大的差异；整体上Ⅰ兼户的农地利用效率略大于纯农户，而纯农户大于Ⅱ兼户。胡浩等（2003）通过对苏北农村兼业情况的考察发现，在非农就业的拉动下，农村存在纯农户、Ⅰ兼户向Ⅱ兼户和非农户转变的现象；虽然现阶段的农户兼业对农业生产尚未产生大的消极作用，但其潜在的负面影响不可忽略。首先是农户兼业的深化在一定程度上影响到土地经营规模的扩大和土地流转；其次是农户兼业化有使农业生产率降低、农业劳动力老弱化和妇女化的潜在可能。

（二）基于投资效应的研究

农户家庭劳动力的非农就业对于提高农户的收入水平有着重要的作用。FAO对多个国家的调查显示，非农收入占农户家庭总收入比例在30%～40%之间，最高达到45%（非洲国家），最低为29%（南亚国家）（Reardon 等，1998）。非农就业增加了农户收入，有助于改变农户的风险偏好，增强农户克服风险和投资的能力，提高土地利用效率（Taylor 等，2003；Stark，1991）。国内外众多研究分析了农村劳动力转移带来的投资效应。一般认为，在农村信贷市场发育不足的情况下，由于缺乏现金和借贷途径，农民往往面临进入土地、雇工和其他投入品市场约束，而外出劳动力增加了家庭总的现金收入，为农户投资农业再生产提供了可能的资金来源（Taylor 等，2003；Benjamin 等，1998），这就是所谓的"投资效应"。

国际粮农组织在非洲的研究表明，在西非地区，由于信贷普遍不发达，非农收入对农户购置种子、化肥和雇佣畜力等投入品来说非常重要，非农收入的增加会增加资本对劳动的替代。在塞内加尔，农户用非农收入来购买用于农业生产的投入品，而之前农户只能通过向政府支持的信贷机构借款来购买投入品（Reardo 等，1994）。据Woodruff 和 Zenteno（2007）估算，墨西哥的小型农业企业 20% 的资本投资来自于非农收入。在中国，从外出劳动力往家庭汇款和带款的情况看，以从事经济活动为目的的家庭劳动力转移对农业的投资积累具有积极的作用（蔡昉，1996）。杜鹰等（1997）对四川和安徽两省 2820 个农户的调查数据验证了在外出打工农户的农业生产中，存在资金对劳动的替代。

但也有研究发现，农户收入的增加是通过非农化过程实现的，这也使得农民将收入更多地投入到非农生产活动中，从而挤出农业投资（申栋，2008）。Janvry（1982）发现墨西哥到美国打工的农民并不会把赚到的钱投资到农业生产当中，在他们眼中村庄只是抚养孩子和休息的地方，因此他们更喜欢投资建房（Durand 等，1996；Taylor 等，1996）。De Brauw 和 Rozelle（2008）利用 2000 年在中国六个省（河北、辽宁、陕西、浙江、湖北和四川）的农户调查数据，分析了家庭劳动力非农就业和非农收入对中国农村家庭投资的影响。该研究发现，整体上非农收入对提高家庭生产能力的生产性投资没有显著的促进作用，农户并不倾向于将非农收入用于农业再生产，其中较为富裕的农户倾向于购买消费品或建房，以提高当前的生活水平。Feng（2006）在江西的实证研究中也没有发现非农就业带来的农业投资增加效应。

由于粮食生产对于中国有着特殊的重要性，有研究专门检验了劳动力转移对粮食生产的影响。Rozelle 等（1999）发现当家庭劳动力转向非农就业完全不从事农业生产时，农业产出会急剧下降，非农收入带来的投资效应并不能完全弥补劳动力投入减少引起的损失。他们对河北省和辽宁省的研究表明，非农收入只是部分抵消了迁移对农业产出带来的负面影响；每减少一个农业劳动力，每亩产出减少 101 斤，占平均产出的 14%。他们据此推断，中国 20 世纪 90 年代粮食产出增长速度降低可能是农业劳动力大量转移造成的。Wu 和 Meng（1996a，b）则发现劳动力转移对粮食产量的短期影响为正，因为收入增加的投资效应补偿了劳动力投入减少引起的效率损失；长期来看为负，因为随着家庭中越来越多的劳动力转向非农就业，农业劳动力的边际产出逐渐增加，劳动力投入减少的影响将逐渐加强。

此外，有研究考察了劳动力转移对农户投资结构（种植结构和要素投入结构）的影响。由于非农收入放松了现金约束，农户可能将更多的生产资源从粮食作物转移到经济作物的种植上，这在肯尼亚得到了验证（Burger，1990）。家庭农业劳动力的减少可能鼓励农户采用劳动节约型的技术，比如用化肥替代传统的绿肥和农家肥，或是从种植双季稻改为种植单季稻。例如，对我国江西省的研究发现，参与非农就业的农户用购买的有机肥来替代传统的绿肥和农家肥，以节约劳动力（Feng，2006）；de Brauw（2007）对越南的实证研究发现，劳动力季节性转移促使农户选择种植土地集约型作物替代劳动密集型作物。

虽然已有研究对劳动力转移引发的投资效应进行了详细探讨，但研究结论仍然存在较大分歧。非农收入的增加和农业劳动力的减少在什么条件下如何影响和改变农户的农业投资水平与投资结构依然值得做系统的理论和实证分析。

（三）基于农地流转效应的研究

非农就业对于农村土地流转具有重要的推动作用。土地流转之所以产生，最初就是因为部分农村劳动力外出打工，从而将土地出租给别人耕种（贺振华，2006a）。非农产业发展，农业比较效益下降以及农业劳动力转移为土地使用权流转在更大范围的推进提供了前提（张红宇，2002）。Kung（2002）认为一种要素市场的发育会带动另一种要素市场的发育，并利用农业部 1999 年六省调研的数据，验证了非农就业的发展是近年来土地租赁市场迅速发展的动因。这与我国近年来非农就业普遍的地区土地流转市场也相对发达（de Brauw，2002）的事实观察相符。例如处于沿海地带经济发达、非农就业水平高的浙江省，其农户土地转包行为明显多于处于内陆地区非农就业水平较低的山西省（史清华等，2002）。在江苏省，非农就业水平较高的苏南地区其土地流转也比苏中和苏北地区更为活跃（倪羌丽，2008）。众多相关研究也都认为，非农就业对农户参与土地租赁市场具有积极作用（Kung，2002；Yao，2000；Zhang 等，2004；Feng 等，2004）。贺振华（2003）对湖南省永兴县 2000 年土地流转情况的研究表明，农业产值与工业产值的比例与土地流转负相关，即非农产业的发展水平越高，流转越多。谭丹等（2007）对江苏宝应县的实证研究表明，农地流转率与家庭非农就业率正相关，农户非农就业率提高 1%，农村土地流转率将提高 16.26%。

但也有调查数据显示，一些地区在非农就业增长的同时，农地流转市场依然发育缓慢。杜鹰等（1997）在 1994 年对四川和安徽两省的调查表明，尽管当地的劳动力外出规模较大，但土地流转规模还是很小，约11%的农户转入或转出了土地，参与流转的土地面积仅占总承包面积的3%。根据中国人民大学和美国农村发展研究所2005年组织的17省农村土地调查，尽管与1999年相比，2005年样本农户非农就业增长显著，非农就业劳动力比例从65.1%升至83.2%，但农地流转并没有显著增加，只有约1/3的农户和1/10的耕地参与了流转，且近一半的流转为同村亲戚间随意的、只有口头协议的流转，农地流转市场化程度很低（叶剑平等，2006）。针对这种情况，贺振华（2006a）认为，在存在非农就业市场的时候，农户可以通过外出就业调整家庭劳动力配置，那么即便存在一个完善的土地流转市场，也不一定会产生土地流转。在一些调查中也发现，许多外出农户在解决农业生产中的劳动力紧张问题时，首先考虑的不是转包，而是采用大家庭或近亲范围内的帮工、代耕等合作方式（杜鹰等，1997）。钱忠好（2008）从家庭内部分工的角度考察了农民非农就业对土地流转的影响，指出非农就业并不必然导致土地流转。由于农户人均及户均土地资源有限、农户有着足够的农业劳动能力、农业经营有着相对较高的综合比较利益等，基于家庭收益最大化的考虑，当非农就业机会出现后，家庭决策不一定是流转农地，而更有可能选择部分家庭成员非农就业，其余仍坚守农业兼业化的生产方式。此时，在农业收益率很低的情况下，农户非农就业就可能导致土地仍然在那些低效率的农户手中，而不能遵循效率原则流向高效率的农户（贺振华，2006b）。还有一些研究强调了土地流转不畅对农村劳动力转移的限制作用（刘玉来，2003），认为赋予农民可转让的土地使用权可以降低他们外出就业的成本（Deininger,

2003)。这些研究表明，农村劳动力市场发育与农地租赁市场之间存在密切关系，但农村劳动力转移如何影响农地流转，以及在多大程度上影响农地流转还需要进一步揭示。

五　结论性评述

纵观劳动力转移对农业发展和农地利用的研究，虽然各个层次的研究都有着丰富的文献，但对"劳动力转移对农地利用效率的影响"这一研究主题仍然缺乏整体性的研究思路和框架，已有的相关研究大都散落在各个层次，没有被整合起来。因此，区分研究问题的层次，整合研究思路，构建完整的"劳动力转移对农地利用效率的影响"的分析框架，是今后相关研究的一个方向。

在宏观层次，已有研究对发展中国家劳动力转移与工农业发展的宏观研究非常深入，形成了经典的二元结构理论，对发展中国家的劳动力转移现象具有普遍的指导意义。但将这些经典理论具体应用到某一国家在某段时期内劳动力转移对农地利用效率变化的贡献这一主题的研究尚不多见。

在区域层次，多数研究将劳动力转移对农地利用的影响置于微观农户层次，而区域层次的研究不足。对劳动力跨地区迁移可能造成的农业劳动生产率和土地生产率的变化缺乏探讨，尤其是对主要的劳动力输入地和输出地之间农地利用效率的比较缺乏理论和实证分析。

在农户层次，在劳动力转移对农地利用微观影响的研究方面，虽然国内外大量文献对劳动力转移引起的兼业效应和投资效应进行了理论分析和实证检验，但对不同类型兼业农户的土地利用行为和效率的研究仍然十分缺乏，有待深入；同时，非农收入的增加和农业劳动力的减少在什么条件下如何影响和改变农户的农业投资水平和投资结构依然存在很多分歧。这说明劳动力转移影响微观农户农地利用行为的机制和效果仍然是目前研究的重要方向。

第二章

劳动力转移进程中的农地利用问题

我国是一个人口众多的农业大国，人地关系始终是影响经济发展和社会稳定的重大问题。2006 年末，我国农村劳动力约有 5 亿人，每年新增约 1000 万[①]。同时，随着城市化进程的加快，耕地面积不断减少，1999~2007 年平均每年减少约 1400 万亩[②]。人多地少、人地关系紧张将是我国长期存在的基本国情。因此，如何缓解人地矛盾，提高土地和劳动力资源的利用效率，对我国这样一个耕地资源稀缺的人口大国具有重要的现实意义。

本章依据时间顺序梳理新中国成立后，特别是改革开放以来我国农村劳动力转移的历史进程，总结现阶段劳动力转移和农地利用的主要特征，为后续章节提供全面的研究背景。在此基础上，根据现阶段劳动力转移特征，分别梳理其影响农地利用方式和效率的表现，并结合"人"、"地"两条线索构建劳动力转移进程中农地利用问题的三层次分析框架。

[①] 数据来源：《第二次全国农业普查主要数据公报（第五号）》。
[②] 数据来源：根据 1999~2008 年《中国统计年鉴》中耕地面积的数据计算得出。

一 农村劳动力转移的历史进程

新中国成立以来，我国劳动力转移的规模、速度和方式呈现规律性的变化，这与工业化、城镇化和农地制度在这一时期的发展变化密切相关。改革开放以前，我国农村劳动力转移规模和速度总体上比较缓慢，改革开放以后才真正进入大规模转移的新阶段。根据各个时期劳动力转移的规模和特征，可以将其划分为如下阶段①（见表2-1）。

表2-1 我国农村劳动力转移阶段划分表

单位：万人

	阶段划分	主要特征	农业劳动力年均变化量
改革开放前	第一阶段（1949～1957年）	自由发展	—
	第二阶段（1958～1963年）	剧烈波动	-35
	第三阶段（1964～1977年）	静止停滞	-390
改革开放后	第一阶段（1978～1983年）	恢复流动	-635
	第二阶段（1984～1992年）	就地转移	-784
	第三阶段（1993～2003年）	异地转移	-166
	第四阶段（2004～2007年）	"民工荒"	-1085

数据来源：根据附表2-1计算。

（一）改革开放前的农村劳动力转移

改革开放前，我国的农村劳动力转移大体上经历了自由发展、剧烈波动到静止停滞三个阶段。

第一阶段（1949～1957年）

这一阶段农业劳动力转移基本上是在未受到政府超经济力量控

---

① 本节中使用的数据如未特别说明则来自附表2-1。

制的情况下自发进行的。继 1949~1952 年国民经济恢复之后，我国开始了大规模的经济建设，吸收了大批农村劳动力。1949~1952 年的三年中有 300 多万农民进入城市就业，占同期城市就业人数的 30%。农村劳动力占全社会劳动力的比重由 1949 年的 91.5% 下降到 1952 年的 88%。在随后的第一个五年计划时期，由于工业化进程对劳动力的需求，农村人口开始大量涌入城市。五年中，非农产业劳动力增长 23.4%；非农产业劳动力占全社会劳动力的比重由 1952 年的 16.5% 上升到 1957 年的 18.8%；城市劳动力占全社会劳动力的比例由 12% 上升到 13.5%，由此带动我国城镇人口由 1952 年的 7163 万增加到 1957 年的 9949 万，城镇化水平由 12.5% 升至 15%。农村劳动力在这一时期内向城市转移基本上处于自发状态，受政策干预较少。

第二阶段（1958~1963 年）

这一时期，在政府干预下，农业劳动力转移出现了大起大落的局面。1958 年后，随着"大跃进"运动的全面推开，经济建设规模急剧膨胀，造成了对劳动力的过度需求。1958 年，全国工业和建筑业共从农村招收约 1000 万人，相当于原有职工的规模。同年，农村劳动力比上年锐减 3800 多万人，农业劳动力占社会劳动力的比重陡降至 58.2%。在这一阶段，农业劳动力在农村内部的转移也相当可观。1958 年，各种小钢厂在全国农村拔地而起，年底社办工业职工高达 1800 万人。

然而，这次农业劳动力转移"浪潮"的寿命却极其短暂。大量农业劳动力脱离农业，造成了 1957~1960 年粮食产量下降 24.4%。从 1961 年开始我国进行了为期三年的经济调整，国家对城镇职工进行大规模精减，大批劳动力重新回到农村务农。同时在调整期间，绝大多数农村工厂被关闭，农村工业跌入"低谷"。1961 年，农业劳动力比上年增加 2730 万人，恢复到 1957 年的水平。1963 年，农业劳动力占社会劳动力的比重又陡升至 82.5%。在如此短的时间内，农业劳动力转移发生如此规模的大起大落，在世界人口迁移史上是绝无仅有的。

第三阶段（1964～1977 年）

在这一阶段，农村劳动力的流动基本上被置于政府的严格控制之下，处于停滞状态。针对大量农业劳动力进城就业给城镇就业和食品供给造成的压力，从 20 世纪 50 年代后期，政府就开始严格限制城市企业从农村招工。1958 年国务院颁布了《中华人民共和国户口登记条例》，此后又进一步实行了与这种户籍制度相配套的食品供给制度、就业制度、住房制度、教育制度等。从 20 世纪 60 年代开始，国家就基本上堵死了农村劳动力自由流入城市的通道。此后，广大农民基本上被排斥在国家工业化进程之外，越来越多的劳动力滞留于农村，处于半失业状态。这期间，统购统销制度的实行，使农村商品市场萎缩，广大农村原来以农副产品为原料的家庭手工业和个体小商贩迅速衰落，国家通过人民公社这样一种组织制度，把农村劳动力固定在有限的土地上，农村就业基本上就剩下从事农业这一条路。

（二）改革开放后的农村劳动力转移

1978 年以来，家庭承包责任制的实行极大地解放了农业生产力，农业劳动生产率得到大幅度提高，过去在人民公社制度下隐蔽的农业剩余劳动力很快凸显出来。那些与所经营土地面积相比劳动力过多的农户，为了使劳动力得到充分利用，开始在农业以外的其他经济部门寻求就业机会。1978～2007 年，农业就业人数占全国就业总人数的比重由 70.5% 下降到 40.8%，下降了 29.7 个百分点，约有 2.28 亿农业劳动力转移到第二、第三产业。农村劳动力转移成为过去 30 年我国经济发展过程中引人注目的现象。根据转移的速度和去向的不同，可以将改革开放以来我国农村劳动力转移的情况细分为以下四个阶段。

第一阶段（1978～1983 年）

1978 年开始的改革开放使得城乡隔离政策开始松动，这为农村劳动力转移提供了现实上的可能。但同时，农村开始实行的家庭联产承包责任制使得农业劳动生产率迅速提高，农产品价格也有较大幅度的提升。农业劳动生产率的提高和农产品价格的提升又使得农业收入得以提高，农村经营环境得以改善。这些对劳动力留在农村形成了一定的拉力，使得该阶段并没有出现大规模的农村劳动力转移。外出务工的农民较少，主要是搞建筑、到矿区挖煤、小经商、搞种养业以及到当地小城镇打短工。（农村就业人数比重由 1978 年的 70.5% 小幅下降到 1983 年的 67.1%，农村劳动力向非农产业转移的趋势已经显露端倪。）

第二阶段（1984～1992 年）

20 世纪 70 年代末 80 年代初期的农村改革极大地解放了农村生产力，乡镇企业异军突起。从 1984 年到 1988 年，乡镇企业从业人员从 5028 万人增加到 9545.5 万人，增长 89.8%；总产值从 1245.4 亿元增加到 4428 亿元，增长 2.6 倍。随着乡镇企业进入发展的"高潮"，农村劳动力转移也进入了"黄金时期"。这一时期，农村就业人数比重由 1984 年的 64.0% 急剧下降到 1992 年的 58.5%。农村劳动力以就地就近转移为主，大部分在乡镇企业就业。同时，东南沿海地区"三来一补"出口加工产业的发展也产生了大量的劳动力需求，欠发达地区劳动力向沿海地区和城市流动也逐渐增多。但从整个 20 世纪 80 年代情况来看，农村劳动力转移主要还是依靠在农村社区内部发展乡镇企业的就地转移。

第三阶段（1993 ~ 2003 年）

经过十几年改革开放和经济发展成果的积累，我国人口迁移流动规模急剧膨胀，使劳动力转移进入高度活跃期。特别是党的十四大后，我国经济市场化进程加快，非国有经济的快速发展创造了大量的劳动就业机会，产业发展在沿海地区集聚加快，劳动力向东部沿海地区大规模异地转移。在这十年间，农业就业人数比重由 56.4% 迅速下降到 49.1%，平均每年下降 0.72 个百分点。1993 ~ 1996 年连续四年出现了农业劳动力绝对数量的大幅减少，经过 2000 ~ 2002 年的胶着状态，农业劳动力比重在 2003 年首次超过了非农劳动力比重。北京、上海等大城市和广东、江苏、福建、浙江等沿海经济发达地区成为农村劳动力就业的首选地区。2003 年，上述六个地区合计吸纳了农村外出劳动力的 27.5%。

第四阶段（2004 ~ 2007 年）

从 2004 年春天开始媒体相继报道中国东南沿海出现的"民工荒"现象。珠江三角洲地区是缺工最为严重的地区，有近 200 万人的缺口，缺工比率约为 10%。对东莞 1.5 万家使用外来劳动力的企业进行调查，结果显示 17% 的企业有用工短缺问题，缺口近 27 万人[①]。2007 年在劳动力输出的中西部省份，也出现了广泛的普通劳

---

① 数据来源：劳动和社会保障部课题组《关于民工短缺的调查报告》，http://www. molss. gov. cn/news/2004/0908a. htm。

动力短缺。这标志着我国劳动力转移已经开始走过无限供给阶段，可能正在接近"刘易斯拐点"（蔡昉，2008）。尽管对"民工荒"产生的原因存在不同的解释，但毋庸置疑，中国农村剩余劳动力转移进入年轻劳动力有限供给的新阶段（崔传义，2007）。"刘易斯拐点"的到来意味着，工业部门的用工成本将上升，如果不提高工资将无法得到足够的劳动力。另一方面也说明，农村劳动力资源在农业和非农产业之间产生了竞争，农业劳动力转移对农业部门的负面影响将开始显现。

二 20 世纪 90 年代以来农村劳动力转移的特点分析

20 世纪 90 年代以来，乡镇企业的没落导致农村地区内部对剩余劳动力吸纳能力的下降，客观上对农村劳动力转移形成"推力"。而随着东部地区的经济起飞，劳动力工资水平显著提高，吸引了大量农村劳动力进城务工，为劳动力转移提供了强劲的"拉力"。在 20 世纪 80 年代，东部比中、西部地区发展速度约高两个百分点，差距尚不明显；而自 1990 年以来，伴随着劳动力要素大规模迁移到发达省份，东部发展速度明显加快，约高出中、西部六个百分点。三大地带国内生产总值之比，从 1978 年的 299∶186∶100，扩大到 1994 年的 403∶190∶100（杜鹰，2006）。在这样的背景下，农村劳动力转移显示出以下几个方面的突出特征。第一，异地流动逐渐成为 20 世纪 90 年代以来劳动力迁移的主要方式；第二，劳动力转移呈现出由中、西部地区流出，集中在东部地区就业的格局；第三，劳动力转移不彻底，多数转移劳动力仍然没有彻底脱离土地。

（一）异地转移规模急剧扩大

20 世纪 90 年代以后，异地转移规模开始急剧扩大。据四川、安徽、湖南、河南、江西等五省不完全统计，1982 年外出打工的农村劳动力不足 100 万人，1993 年增加到 2400 万人。安徽省 1982 年外出打工的劳动力 12 万人，1989 年以后，每年增加 100 万人，1993年达到 300 万人，两年半时间增加 15 倍，全省农村劳动力中每 5 个人就有 1 个外出务工。中、西部地区由于经济发展水平较低，在当地从事非农工作的机会有限，因此，农村劳动力外出就业的流动距离较远，以跨省流动就业为主要方式。据统计，2004 年中部地区跨省流动劳动力所占比重高达 71%，西部地区跨省流动劳动力占54%。并且，六成以上的外出劳动力在地级以上大中城市就业（盛来运，2008）。2006 年，全国外出务工的农村劳动力中 49.3% 在省外就业，仅有 19.2% 在县内就业。从地区来看，东部地区的农村劳动力转移仍然以省内就业为主，而中、西部地区则以省外就业为主。从产业部门看，劳动力的流向仍然是从农业向非农产业转移，劳动力外出后仍然从事农业的只占 2.8%（见表 2 - 2）。

表 2 - 2　2006 年农村外出从业劳动力流向及从业情况

单位：%

	全国	东部地区	中部地区	西部地区	东北地区
外出从业劳动力从业地区构成					
乡外县内	19.2	29.9	13.5	15.2	26.9
县外市内	13.8	18.4	9.9	12.4	31.5
市外省内	17.7	33.1	9	12.8	24.2
省　外	49.3	18.6	67.6	59.6	17.4
外出从业劳动力产业构成					
第一产业	2.8	2.5	2.2	3.6	4.2
第二产业	56.7	55.8	57.1	58.4	44.3
第三产业	40.5	41.7	40.7	38	51.5

数据来源：《第二次全国农业普查主要数据公报（第五号）》。

（二） 由中西部向东部地区转移

从劳动力的流向来看，外出农村劳动力主要来自中、西部地区，尤其是那些人口稠密的粮食主产区和内陆省份（如四川、安徽、湖南、江西等），主要流向东部地区（如广东、浙江、上海、北京等）。2003 年，粮食主产区外出务工的劳动力达 7500 万人，占粮食主产区劳动力的 25%，占全国农村外出务工劳动力总量的 65.8%[①]。2004 年的农村常住户中，在东部地区务工的农民工有 6511 万人，比上年增加 448 万人，占全部外出务工农民工的 70%；而在中部地区务工的农民工约有 1343 万人，占 14.3%；在西部地区的农民工约有 1472 万人，占 15.7%[②]（见图 2 - 1）。东部地区在农村劳动力转移进程中走在全国前列，东部的非农产业不仅吸纳了本地大量的农村

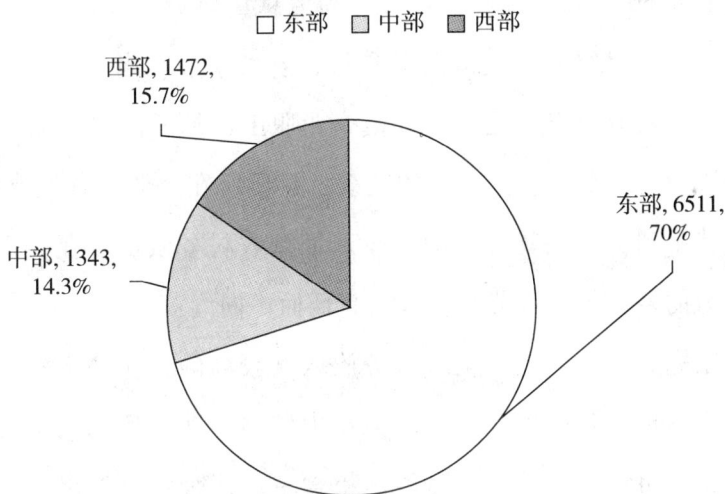

图 2 - 1　2004 年农村转移劳动力在东、中、西部地区的分布（单位：万人）

数据来源：2001～2004 年中国农村住户调查。

---

① 数据来源：2003 年国家统计局农调总队抽样调查。
② 数据来源：2003 年和 2004 年中国农村住户调查。

转移劳动力，还吸纳了相当一批中、西部的农村转移劳动力。虽然，东部也有一些劳动力流入中、西部，但从流出流入的规模看，中、西部流入东部的农业劳动力数量远远大于东部流入中、西部的数量。在广东务工的农民工达 2600 多万人，而在整个中部地区务工的农民工也不过 2800 多万人，全国超过 1/4 的农民工在广东务工[①]。在东部沿海地区务工的农村劳动力无论是绝对数量还是比重都呈上升趋势。

（三）劳动力转移以兼业型为主

目前外出就业的农民，多数没有割断与家乡承包地的联系，或者是季节性外出就业，在农忙时回乡务农，或者是年轻人外出打工，妇女或者老人在家务农。据统计，2003 年农村常住户中外出务工的劳动力有 8960 万人，占农村转移劳动力总量的 78.7%[②]。这些劳动力绝大多数还保留着对土地的承包权，农忙季节相当一部分劳动力会回家从事农业生产。无论是乡镇企业职工还是外出的"农民工"，他们与农业之间仍有着割不断的关系。只要所在企业不景气或倒闭，或外出找不到工作，就可能随时重新回到农村务农。兼业长短因家庭劳动力的多寡与从事劳务收入的高低而不同（高双，2006）。一般而言，家庭劳动力较多，从事劳务收入又较高的，在外工作时间就长，反之则短。兼业性还体现在劳动力转移存在一定的间隔性，今年外出，而明年可能不外出。虽然粮食主产区是农村外出务工劳动力的主要输出地，但是我们也必须看到，在相当长的时期内，大多

---

① 数据来源：国家统计局农调总队《2004 年农民外出务工的数量、结构及特点》，中国三农信息网，http://www.sannong.gov.cn/fxgc/ldlzy/200507110158.htm。

② 数据来源：2003 年国家统计局农调总队抽样调查。

数农民还是只能以土地作为最基本的生活保障，他们中大多数人的就业并不稳定，能够在外定居不再返乡的并不多，这种外出就业的兼业性及农民工与土地的紧密联系，决定了他们仍然可以对土地利用产生影响。

三 劳动力转移影响农地利用的三个层次

农村劳动力转移不仅是劳动力产业间和空间上的转移，更为重要的是农民和土地关系的改变。更确切地说，它是指农民的收入结构从以农业收入为主变为以非农业收入为主，农民从依靠土地生活到可以脱离土地生活。微观上，农业劳动力转移体现为农户家庭成员的非农就业。劳动力作为生产要素投入遵循价格机制，当劳动力可以从农业以外获得更高的报酬时，农户就愿意将家庭中一部分劳动力配置到非农产业，以改善家庭总的福利水平。同时，劳动力配置结构和决策的变化也会影响到其他要素：土地、资本和技术，引发家庭生产要素重新组合配置。因此，本书将农业劳动力转移对农地利用的影响分为三个方面。

（一）劳动力部门间转移与农地利用

劳动力在产业间的转移是劳动力转移最基本的含义。早在17世纪，英国经济学家威廉·配第就发现产业间相对收入的差距会导致劳动力从低收入产业向高收入产业移动。科林·克拉克在配第的基础上得出了劳动力在产业间转移的规律，即随着经济的发展，人均国民收入水平的提高，劳动力首先由第一产业向第二产业转移；当人均国民收入水平进一步提高时，劳动力便向第三产业转移，这种劳动力在产业间转移的规律被称为配第—克拉克定理。发展经济学认为，工业化的过程也是劳动力从农业转入其他生产部门的过程（张培刚，2002）。农业劳动力转移是发展中国家经济增长和农业转型过程中最重要的特征之一，也是欧美等发达国家在工业化时期均具有的特征。一般情况下，发展中国家在工业化初期，劳动力主要集中在农业部门，农业部门劳动力过剩是经济的重要特征。当进入工业化加速时期，劳动力也会相应地由农业部门向非农业部门转移，农业部门劳动力过剩现象会逐步消除，并最终形成一个与产业结构大体近似的劳动力就业结构（刘易斯，1996）。

劳动力从农业部门大规模地转移到非农产业，最直接的效应就是缓解了农业部门劳动力过剩的现象，减轻了农村人口生存对农地资源的压力。在我国现阶段人地矛盾突出的背景下，这种劳动力部门间的转移对于扩大土地经营规模和提高土地利用效率有重要的现实意义。从长远来看，农村剩余劳动力转移到非农产业有利于提高劳动力资源的整体配置效率，它不仅填补了城市的结构性劳动力短缺，而且丰富了城市的行业构成和就业结构，尤其是第三产业就业比重上升，使得产业结构和就业结构趋于合理。劳动力转移是消除二元结构的第一步，但劳动力外流经常被指责为土地抛荒和农业减产的罪魁祸首。虽然 2004 年以来我国粮食产量实现了连续四年的总产量增加，2007 年总产量突破 5000 亿吨，但是面临庞大的人口数量，中国的粮食安全问题并没有消除，Rosegrant 等 2001 年估计，为满足 2020 年中国人口对粮食的需求，中国粮食产量应该至少增加 40%[①]。与粮食安全问题一起备受关注的是农村自然资源可持续利用

---

① 数据来源：Rosegrant, M. W., M. S. Paisner, S. Meijer and J. Witcover, *2020 Global Food Outlook*（Washington D. C.：International Food Policy Research Institute, 2001），4。

问题。面临尖锐的粮食供需矛盾和有限的可耕地数量，农民往往依靠增加土地利用的集约度来提高粮食产量以满足粮食需求。于是大量现代生产要素（化肥、农药）开始用于农业生产，导致农村面源污染和公共健康问题受到威胁（Huang 等，2005），同时对土地长期生产能力的提高提出严峻挑战。

（二）劳动力跨地区转移与农地利用

在我国，不同地区农村劳动力的非农业就业水平极不平衡。近年来农业劳动力份额的快速下降，主要是沿海地区及大中城市周围的经济发达地区农业劳动力快速转移的后果，而广大欠发达地区的农业劳动力转移进程却迟迟难以激活。中部和西部地区是农村劳动力的主要输出地，其中，中部地区劳动力转移规模大于西部地区。北京、上海等大城市和广东、江苏、福建、浙江等东部沿海经济发达地区则是农村劳动力的主要吸纳地区。2004 年，虽然在东南沿海经济发达地区出现了"民工荒"，但是广东、福建、浙江、上海等仍是当前外出农村劳动力流入就业的首选地。1978～1992 年间，仅江苏、浙江、广东移转的农业剩余劳动力就达 2700 多万，占同期全国移转总数的 41.7%，而西南和西北两大地区总共才移转了 937 万，占总数的 14.4%。与此同时，农村转入非农产业的劳动力人数占新增劳动力人数的比重，华东地区为 86.8%，华北地区为 65.2%，中南地区为 51.2%，东北地区为 49.3%，西北地区为 38.4%，西南地区仅为 26.6%（韩俊，1994）。劳动力转移规模和方向的差异加剧了地区经济发展的不平衡。在地区层面上，劳动力作为地区经济发展的重要投入要素，大量流失可能对输出地区的农业生产造成不利影响。

（三） 劳动力不完全转移与农地利用

改革开放以来，我国的户籍制度虽然有所松动，但尚无根本性变化，由于户籍约束造成的城乡分割状况还没有完全打破，加之社会福利和公共产品供给的城乡差别，以及农地集体所有的土地制度安排，农村劳动力转移具有很强的兼业性、身份的二重性以及长久居住地与就业地分离的"两栖性"。外出的农村劳动力多数还保留有家乡的承包土地，有的是长年在外务工，有的是季节性外出就业，他们外出在非农部门就业，在职业上改变了农民身份，但还保留着农业户口和农民的社会身份。

另外，中国农村劳动力转向城市就业，绝大多数是部分家庭成员个人转移，而非举家迁移，大部分属于短期的流动性就业，而非长期迁移式就业，他们主要以获得短期较高货币收入为目标。Zhao（2002）的研究表明，1978～2000 年中国农村劳动力转移的平均时间是 3.5 年，仅仅有 20% 的农民在城务工 5 年以上，而同期劳动力回流比例达到 78.7%。也就是说，在改革开放后转移到非农产业或城镇的农村劳动力中，只有少数彻底脱离了农业或农村，而大部分人又重新返回了农村或农业，没有实现永久性迁徙。农业劳动力的转移是以兼业型转移为主。在大多数地区，农业劳动力转移的方式是大部分转入乡村非农业部门的劳动力并没有完全脱离农业，他们或者利用自己的闲暇时间从事农业生产，或者利用家庭辅助劳动力（妇女、孩子、老人等）来经营农业。此外，还有相当一部分劳动力属于季节性移转，农忙务农，农闲务工或经商。值得指出的是，农村中不从事农业生产的乡镇企业职工并非属于真正的分离式移转，他们与农业之间仍然有一条割不断的脐带，即他们仍然是集体土地所有者中的合法一员，与农业有着一种若即若离的联系，只要企业不景气或企业倒闭，他们随时都有可能回流到土地上来。对农村劳动力转移大省的调查研究证实，只有40%的农村转移劳动力完全脱离农业生产活动在非农业部门就业。另外60%的农村转移劳动力在一年当中既参与非农业活动，又参与农业生产活动，其中，1/3属于兼业劳动力，1/4属于季节性转移劳动力。

近年来，随着我国工业化及城市化的发展，农户兼业率也在逐渐上升，大量男性、青年和具有较高素质的劳动力离开土地，农业劳动力老龄化和女性化的"男工女耕"兼业模式正越来越明显。兼业化一方面对提高农民收入发挥了积极作用，另一方面也导致农户土地经营规模得不到提高、土地经营粗放化，同时，在兼业经营模式下，农业生产更加依靠机械、化肥、农药等要素的投入来维持，这不利于土地长期生产能力的提高和农村自然资源的可持续利用。

四 劳动力转移过程中农地利用问题的分析思路

根据上一节的分析，我国农村劳动力转移过程中的农地利用问题实质上由三个方面构成。一是劳动力从农业部门流向非农业部门引起的农地利用方式和效率的变化；二是劳动力地区间迁移对区域农地利用方式和效率的影响；三是劳动力不彻底迁移即农户兼业化对农地利用方式和效率的影响。据此，下文将从这三个维度考察劳动力转移过程中农地利用问题的具体表现、产生机理，给出本研究的分析框架（见图2-2）。

```
                    ┌──────────────────────┐
                    │     农村劳动力转移      │
                    └──────────────────────┘
         ┌────────────────┬────────────────┐
    ┌─────────┐      ┌─────────┐      ┌─────────┐
    │ 部门配置  │      │ 空间配置  │      │ 农户配置  │
    └─────────┘      └─────────┘      └─────────┘
  - - - - - - - - - - - - - - - - - - - - - - - - - -
  ┌──────────┐    ┌──────────┐    ┌──────────┐
  │农业要素投入 │    │区域土地利用 │    │兼业经营与土地│
  │的水平和结构 │    │的方式和效率 │    │投资和土地流转│
  └──────────┘    └──────────┘    └──────────┘
  ┌──────────────────────────────────────────┐
  │             农地利用效率                    │
  └──────────────────────────────────────────┘
  - - - - - - - - - - - - - - - - - - - - - - - - - -
  ┌──────────┐    ┌──────────┐    ┌──────────┐
  │人地比例变动 │    │农业要素流动 │    │农户非农就业 │
  │与农地利用  │    │与农地利用  │    │与农地利用  │
  └──────────┘    └──────────┘    └──────────┘
  ┌──────────┐    ┌──────────┐    ┌──────────┐
  │农业发展理论 │    │要素流动理论 │    │农户行为理论 │
  └──────────┘    └──────────┘    └──────────┘
  - - - - - - - - - - - - - - - - - - - - - - - - - -
         ┌──────────────────────────┐
         │      结论与政策建议         │
         └──────────────────────────┘
```

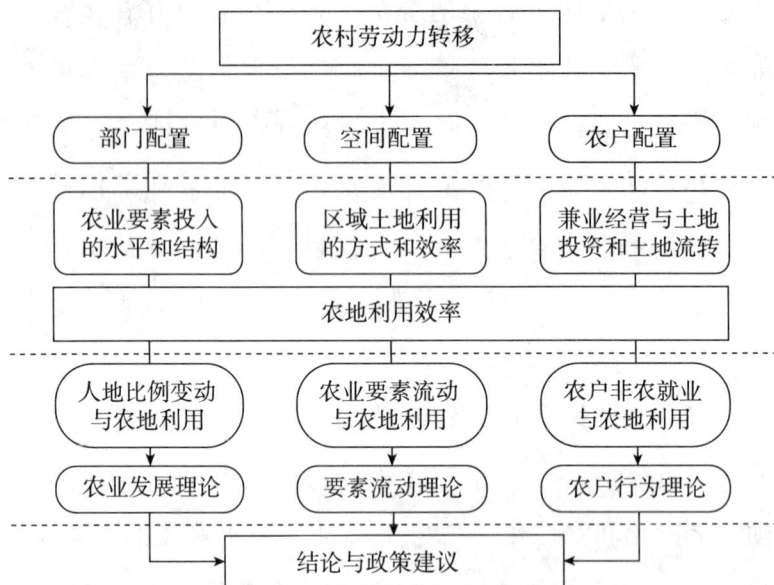

图 2-2　劳动力转移过程中农地利用问题的分析框架

首先，劳动力的部门配置对农地利用的影响主要是通过改变农业部门的人地比例来影响农地利用的方式和效率。在刘易斯二元结构模型中，农业部门存在大量剩余劳动力，其向城市部门的流动对农业的总产出是没有影响的，一旦剩余劳动力耗尽，劳动力流失的负效应则开始显现。本书的第三章将利用大量农业劳动力转移和农业发展的统计资料来分析农业部门人地比例的变动趋势及其对土地生产率和劳动生产率的影响，并借鉴国际上有代表性国家人地比例变动和农业发展的经验，尝试从要素替代、技术供给等视角解释产生这种影响的原因。

其次，劳动力从某一地区的农业部门流向另一地区的工业部门对输出地的农地利用将会产生不确定的影响。一方面，劳动力的外流减少了输出地的人力资源，不利于土地的开发，但也可能是调整了当地的人地比例，促进了土地的规模经营；另一方面，劳动力外出会增加农民的收入，一部分资金通过汇款的方式回流到农村，提高了农民的投资能力，改变农民的风险偏好，可能会促进土地利用效率的提高。第四章将从区域层面，结合人口普查和农业统计数据，运用计量分析方法，讨论劳动力转移对区域间土地生产效率及其差距的影响。一些微观农户研究对劳动力转移的上述三方面效应做过细致的探讨，但本章更关注在区域尺度上这三方面效应的合力究竟对区域农地利用效率产生了什么样的影响，而其中这三方面效应在农户层面的微观作用则放到本书的第五章做具体的研究。

最后，劳动力的不完全转移（农户兼业经营）是农业劳动力转移过程中的普遍现象，如何从农户的层面理解其产生的机理和对农地利用的影响将在本书的第五章进行分析。将劳动力转移放置到微观农户中，其影响主要表现为土地经营的"兼业化"，按照农户经济学理论，兼业化是在外部条件约束下农户对家庭资源合理配置的理性选择。与区域层次类似，家庭劳动力转移到非农产业也可能产生三种效应，本书在第五章中将其具体化为"配置效应"、"兼业效应"和"投资效应"三个方面，并将借鉴经典农户经济学理论分析参与非农就业下农户的土地利用行为逻辑，分析配置效应、兼业效应、投资效应在土地流转行为和土地投资行为中发生的机制，并结合农户调查数据，对这三种效应的存在性做计量检验。

附表 2－1 1952～2007 年中国农业劳动力规模变化趋势

年份	社会劳动力（万人）	农业劳动力（万人）	非农业劳动力（万人）	农业就业比重（%）	非农就业比重（%）	人口自然增长率（%）	全国 GDP（亿元）	农业 GDP 比重（%）
1952	20729	17317	4412	83.5	16.5	20.0	589	45.4
1953	21364	17748	4616	83.1	16.9	23.0	709	41.1
1954	21832	18152	4680	83.1	16.9	24.8	748	39.7
1955	22328	18593	4735	83.3	16.7	20.3	788	40.6
1956	23018	18545	5473	80.6	19.4	20.5	882	37.2
1957	23771	19309	5462	81.2	18.8	23.2	908	33.5
1958	26600	15492	12108	58.2	41.8	17.2	1118	26.5
1959	26173	16273	10900	62.2	37.8	10.2	1222	19.5
1960	25880	17019	9861	65.8	34.2	-4.6	1220	17.1
1961	25590	19749	6841	77.2	22.8	3.8	996	28.3
1962	25910	21276	5634	82.1	17.9	27.0	924	32.5
1963	26640	21968	5672	82.5	17.5	33.3	1000	32.8
1964	27736	22803	5933	82.2	17.8	27.6	1166	31.7
1965	28670	23396	6274	81.6	18.4	28.4	1387	30.9

续附表

年　份	社会劳动力（万人）	农业劳动力（万人）	非农业劳动力（万人）	农业就业比重（%）	非农就业比重（%）	人口自然增长率（%）	全国 GDP（亿元）	农业 GDP 比重（%）
1966	29805	24299	6506	81.5	18.5	26.2	1586	29.7
1967	30814	25167	6647	81.7	18.3	25.5	1486	33.3
1968	31915	26065	6850	81.7	18.3	27.4	1415	35.1
1969	33225	27119	7106	81.6	18.4	26.1	1617	29.8
1970	34432	27811	7621	80.8	19.2	25.8	1926	27.8
1971	35620	28400	8220	79.7	20.3	23.3	2077	26.3
1972	35845	28286	8559	78.9	21.1	22.2	2136	25.5
1973	36652	28861	8791	78.7	21.3	20.9	2318	25.7
1974	37369	29222	9147	78.2	21.8	17.5	2348	26.3
1975	38168	29456	9712	77.2	22.8	15.7	2503	25.0
1976	38834	29448	10386	75.8	24.2	12.7	2427	25.4
1977	39377	29345	11132	74.5	25.5	12.1	2644	23.3
1978	40682	28318	12364	70.5	29.5	12.0	3645.2	28.2
1979	41592	28634	12958	69.8	30.2	11.9	4062.6	31.3
1980	42903	29122	13781	68.7	31.3	11.9	4545.6	30.2

续附表

年 份	社会劳动力（万人）	农业劳动力（万人）	非农业劳动力（万人）	农业就业比重（%）	非农就业比重（%）	人口自然增长率（%）	全国GDP（亿元）	农业GDP比重（%）
1981	44165	29777	14388	68.1	31.9	14.6	4891.6	31.9
1982	45674	30859	14815	68.1	31.9	15.7	5323.4	33.4
1983	46707	31151	15556	67.1	32.9	13.3	5962.7	33.2
1984	48433	30868	17565	64.0	36.0	13.1	7208.1	32.1
1985	50112	31130	18982	62.4	37.6	14.3	9016.0	28.4
1986	51546	31254	20292	60.9	39.1	15.6	10275.2	27.2
1987	53060	31663	21397	60.0	40.0	16.6	12058.6	26.8
1988	54630	32249	22381	59.3	40.7	15.7	15042.8	25.7
1989	55707	33225	22482	60.1	39.9	15.0	16992.3	25.1
1990	65323	38914	26409	60.1	39.9	14.4	18667.8	27.1
1991	66091	39098	26993	59.7	40.3	13.0	21781.5	24.5
1992	66782	38699	28083	58.5	41.5	11.6	26923.5	21.8
1993	67468	37680	29788	56.4	43.6	11.5	35333.9	19.7
1994	68135	36628	31507	54.3	45.7	11.2	48197.9	19.8
1995	68855	35530	33325	52.2	47.8	10.6	60793.7	19.9

续附表

年 份	社会劳动力（万人）	农业劳动力（万人）	非农业劳动力（万人）	农业就业比重（%）	非农就业比重（%）	人口自然增长率（%）	全国GDP（亿元）	农业GDP比重（%）
1996	69765	34820	34945	50.5	49.5	10.4	71176.6	19.7
1997	70800	34840	35960	49.9	50.1	10.1	78973.0	18.3
1998	72087	35177	36910	49.8	50.2	9.1	84402.3	17.6
1999	72791	35768	37023	50.1	49.9	8.2	89677.1	16.5
2000	73992	36043	37949	50.0	50.0	7.6	99214.6	15.1
2001	74432	36513	37919	50.0	50.0	7.0	109655.2	14.4
2002	75360	36870	38490	50.0	50.0	6.5	120332.7	13.7
2003	76075	36546	39529	49.1	50.9	6.0	135822.8	12.8
2004	76823	35269	41554	46.9	53.1	5.87	159878.3	13.4
2005	77877	33970	43907	44.8	55.2	5.89	183217.4	12.2
2006	78244	32561	45683	42.6	57.4	5.28	211923.5	11.3
2007	78645	31444	47201	40.8	59.2	5.17	249529.9	11.3

说明：（1）该表中 1952～1977 年的数据来自 1984 年《中国统计年鉴》，1978～2007 年的数据来自 2008 年《中国统计年鉴》，当1984 年与 2008 年统计年鉴之间的数据有差异时，以 2008 年统计年鉴的数据为准。（2）表中"非农业"是指第二和第三产业。（3）虽然本书是想回顾 1949 年以来我国农村劳动力转移的历史，但由于数据的缺失性，只有从 1952 年开始研究。

第三章

劳动力部门间转移与农地利用效率

农村劳动力向工业转移、向城市集聚是各国经济发展过程中的重要现象。促进劳动力转移一直被视为发展中国家经济增长的重要政策选择。我国的经验也印证了这一点，产业结构的非农化和农村劳动力向非农部门转移对农业劳动生产率的提高和农民增收的贡献最大（钟甫宁，2003；蔡昉，2005）。根据世界银行（1997）的估计，从1978年到1994年中国国内生产总值平均年增长9.4个百分点，其中，农村劳动力转移到生产率较高的工业、服务业，贡献了1个百分点。本章结合我国工业化、城市化进程中人地关系的演变，分析劳动力转移对农地经营规模和效率的影响。

一　小农经济、工农转换与农地利用

土地和劳动是经济增长的必备要素，也是农业增长不可替代的要素。这两种要素互相替代、补充，形成了不同的农业生产要素结构和农业生产组织结构。在发展经济学的研究中，对农业中人地比例以及农业生产组织方式的研究十分广泛，其中以小农经济理论和二元经济理论为代表。

(一) 小农经济理论

小农经济在世界大多数地区普遍存在并发展着，其典型特征是小块土地经营和以家庭为单位的个体劳动，对世界范围小农经济的特征、弊端以及发展路径的研究形成了小农经济理论。小农经济作为一种经济制度吸引了众多学者对其进行相关研究，形成了各种理论，但这些理论对小农经济的认识存在很大的差异，因此对小农及其改造也有着不同的看法。

马克思、恩格斯、列宁、斯大林以及毛泽东等人从政治经济学的角度对小农的特征、弊端以及如何改造进行了阐述。马克思认为小农"这种生产方式是以土地及其生产资料分散为前提的，它既排斥生产资料的积聚，也排斥协作，排斥同一生产过程内部的分工，排斥社会对自然的统治和支配，排斥社会生产力的自由发展"[①]。恩格斯指出："……资本主义的大生产将把他们那无力的过时的小生产压碎，正如火车把独轮车压碎一样毫无问题的"。列宁认为"在自然经济状态下靠双手劳动谋生的宗法农民，是注定要灭亡的"。因此，小农要战胜资本主义必须进行改造，从斯大林开始，共产主义者实施"非常措施"，以大规模集体农场改造小农经济模式。新中国成立初期也受到这一思维的影响，20 世纪 50 年代至 70 年代对小农经济进行了以统购统销和人民公社为主要特征的集体经济改造，但这一实践基本上以失败告终。到 20 世纪 70 年代末又实行了家庭承包制改革，在一定意义上是向小农生产方式的复归。小农经济展示了其对合作制、大农庄的优越性。历史实践表明，集体农场、合作制对

---

① 〔德〕马克思：《资本论》第一卷、第三卷，编译局译，人民出版社，1975，第 830、910 页。

小农的改造是失败的。

20 世纪初，小农经济效率改进研究受到古典经济学家的高度重视。新古典经济学虽然也把小农作为一种经济制度来看，跟马克思主义的研究不同的是新古典的研究中制度选择以及制度的效率已经不再是单纯的资本主义与集体主义的斗争。新古典建立了一套新的制度分析框架，这其中以舒尔茨、速水佑次郎和弗农·拉坦的研究为代表。舒尔茨（1964）认为小农是理性的，对生产要素的组合是有效率的。长期停滞的农业技术是小农困境的根源，因此，舒尔茨提出改造小农的关键是新生产要素（技术）的供给和对农民进行人力资本投资。20 世纪 70 年代，速水佑次郎和拉坦提出了"诱导型"技术与制度创新理论，他们对 43 个国家农业发展的历史过程进行了比较分析，核心思想是技术和体制的变化是由反映产品需求、初始资源条件以及与经济发展的历史过程有关的资源积累等各种经济力量诱导的，因此，资源禀赋、技术选择、制度选择相一致是实现农业增长的源泉（速水佑次郎、弗农·拉坦，1985）。这两大理论体系把新技术供给作为小农落后的根源，将与资源禀赋相匹配的技术和制度变迁作为改造小农的途径。虽然这一理论体系对认识小农的特征和改造小农具有重要的指导意义，但其缺陷在于这一基于资源禀赋和技术的理论体系不能解释为什么小农没有按照诱致性变迁的路径演进，或者说为什么小农在面临更优越的资本主义农场的竞争下却依然长期存在，直至今天，本书认为以恰亚诺夫、黄宗智为代表的研究对此给予了解释。

恰亚诺夫（1996）认为古典经济学不能用于分析农民经济，抛弃了农民是"经济人"的假设，他认为农民经济不同于资本主义经济，其有自身的活动规律，即以家庭成员劳动为基础的自给自足的农民生产单位，这种家庭农场的生产目的是为了谋生，而非谋利，生产遵循"劳动—消费"均衡模式。农家生产活动的目的是延续最基本的再生产，"家庭经济活动的基本动因产生于满足家庭成员消费需求的必要性"，"而全年的劳作是在整个家庭为满足其全体家计平衡的需要驱使下进行的"。农民的生产是在求得其劳动力的辛苦程度及满足家庭消费需要之间的平衡。因此，"如果在农场核算中（劳动—消费）的基本均衡完全得到实现，那么只有非常高的劳动报酬才能刺激农民去从事新的工作"，相反在"尚未达到基本均衡，未被满足的需求依然相当突出，那么家庭便有强烈的刺激去扩大其工作量，去寻求劳动力的出路，哪怕是接受低水平的劳动报酬"。此时，农民生产的衡量标准是边际效用，不是边际劳动生产率。农民多投入劳动力，虽然边际报酬低，但总生产仍有所增长，对于维持家庭生活有效用。他认为"家庭结构首先决定了家庭经济活动规模的上限和下限，上限是由家庭劳动力的最大可利用数量决定，下限则由维持家庭生存的最低物质水准决定"。

黄宗智（1986）的观点与此类似，强调人口压力的作用。他认为商品经济的发展不一定导致资本主义，家庭生产方式也可以通过其他机制来适应高度商品化的需求，提出了农村"过密化"或"内卷化"的命题来解释农村"没有发展的增长"这一悖论现象：由于人口对土地的压力和耕地的缩减，使农民趋于过密化，即以单位劳动日边际报酬递减为代价，换取单位面积劳动力投入的增加，农业生产越是过密化，就越是难于把劳动力抽出，走通过资本化来提高劳动生产率的道路。要改变这种过密化的增长逻辑，就要使被替代的劳动力寻求另外的就业机会，改革开放以后，长江三角洲的农村正是通过发展乡镇企业才改变了这一运行了几百年的逻辑。

（二）二元经济理论

二元经济理论也关心小农长期存在的原因，但与恰亚诺夫和黄宗智的研究不同的是这一理论没有对小农的理性作出假设，而是从二元结构的角度讨论小农和人口压力的问题。张培刚（2002）是较早从工农业关系的视角分析小农及其效率的。他认为小农模式改造的长期诱因是工业化和城市化对农产品的需求，农业改造实质是资本化的过程、农业机械化以及农业结构变化等，这一开创性的研究基本上奠定了主流观点对发展中国家农业发展的认识，直至今天仍然具有很强的现实意义。同样著名的还有刘易斯等人提出的二元经济理论，刘易斯在1954年发表的《劳动无限供给下的经济发展》一文中，首次提出"二元经济"的理论命题。由于传统农业部门人口过剩、生产技术简单而很难有突破性进展，由于土地数量不能随着人口的持续增长而增加，所以农业的总产量必然受到土地数量的限制，造成整个部门的边际收益递减。从长期看，农业部门的人均收入不能持续增长。在传统农业部门中，生产单位是家庭。当家庭劳动力超过最优数量时，家庭不能像企业一样解雇多余的人员，因此总产量要在全部劳动力中进行分配。这样一来，多余的劳动力就处于隐性失业状态，他们的边际产出低于农业工资，有的甚至为零，处于完全剩余状态，这些边际生产率为零的农业劳动力被刘易斯称为剩余劳动力（surplus labor）。由于两部门在经济结构和收入上的差异，导致了农业部门的劳动力不断地流向工业部门，随着农业剩余劳动力不断被工业部门吸收，农业部门的劳动生产率和收入也会不断提高，其结果是工业化得以逐步实现，二元经济转化为一元经济。实际上，实现工业化的过程就是农业部门劳动力不断向工业部门转移的过程（见图3-1）。因此，只有发展现代部门的资本积累和转移农村剩余劳动力才能促进农业劳动生产率的提高和农民收入的增加，直至二元经济最终消失。

（三）启示

小农经济理论和二元经济理论分别站在农业内部和农业外部角度对人地比例的变化与农地经营特点和方式的关系进行分析，总结这些经典研究可以得到以下启示。

在人均土地资源极度紧张的情况下，以家庭分散经营为特征的小农经营模式可以实现劳动、土地等资源的最优配置。但由于农地资源的人口压力过大，使得农户农地经营的目的是谋生而非谋利，即以单位劳动日边际报酬递减为代价，换取单位面积劳动力投入的增加。而走出这一困境需要从农业内部和外部两方面入手：一是创新并推广劳动密集型、土地节约型的技术而非机械化等劳动节约型的技术；二是通过发展非农产业，转移农村（剩余）劳动力，扩大人均土地经营规模。诱致性变迁理论的国际经验研究已经说明，没有土地经营规模的扩大，即使劳动生产率再高也难以实现工农劳动生产率的均等和农业效率的提高。

二 我国农地制度的变迁和农地利用特点

当前的人地关系格局很大程度上是由我国特有的农地制度决定的。因此，以下简要回顾新中国成立后我国农地制度改革的主要过程，进而分析当前农地制度下我国农地利用的特点。

（一）农地制度的变迁

新中国成立以来，中国的农地产权制度经历了四次显著的变革过程：一是 1949 年到 1952 年的土地改革，消灭了封建土地制度，建立起农地的农民所有制，农民可以自主经营属于自己的农地；二是 1953 年到 1957 年，经过一系列的农业合作化运动，虽然农地农民私有的所有制并没有根本改变，但农地已成为合作社成员共同经营的资源；三是 1958 年到 1962 年，经过人民公社化运动，使农地农民所有制转变为社会主义集体所有制，并由农民集体共同经营；四是 20 世纪 70 年代末 80 年代初以来，通过建立家庭联产承包责任制，实现了农地所有权与经营权的分离（曲福田，1991）。

家庭联产承包责任制的建立初期获得了显著的经济绩效，但这种效应很快就被释放完毕，农业生产在 1984 年后出现了倒退。从 1985 年开始，农业生产的增长率就发生了明显变化：1984～1987 年，农业产出的年均增幅降到了 4.1%，而种植业产出的年均增长率仅为 1.4%，其中粮食和棉花的生产更是出现了倒退（Lin，1992）。这主要是因为家庭承包制存在一定的缺陷：第一，土地按人口或按劳力均分，即均分制；第二，承包期较短，一般为 2～3 年，土地调整频繁，农民的经营行为短期化；第三，合同具有随意性，无承包合同或承包合同不健全。这些缺陷导致的地权不稳、农户经营短期化等问题降低了承包制的制度绩效。于是，国家决定进一步完善家庭承包制，先后出台了一系列具体的规范承包制的农地政策，通过赋予农民长期稳定的、可转让的土地使用权以克服承包责任制的缺陷。

1984 年《中共中央关于 1984 年农村工作的通知》明确规定农

村土地承包期应在 15 年以上，从而确定了家庭承包制的长期合法地位。与此同时，各地在农地家庭承包制的基础上结合自身的区域特征和社会经济发展状况在农地承包权的具体制度安排上创新了包括"两田制"、"规模经营"和"股份合作制"等在内的多种产权结构模式和形态；1993 年至今，农地的承包期限得到了进一步延长，而且农民的农地收益权不断得到改善，并逐步拥有了转让处置农地的权利。1993 年 11 月《中共中央、国务院关于当前农业和农村经济发展若干政策措施》提出：为了稳定土地承包关系，鼓励农民增加投入，提高土地的生产率，在原定的承包期到期后，再延长 30 年不变。1998 年 8 月 29 日全国人大常委会通过了修改后的《中华人民共和国土地管理法》，该法除了给予农民集体所有土地 30 年使用权，还限制了土地使用权的调整，禁止对土地使用进行大调整，并将小调整限制在"个别经营者"之间。2002 年 8 月第九届全国人大常委会第 29 次会议通过了《中华人民共和国农村土地承包法》，具体规定了承包土地的转让、转包、出租、交换以及其他流转方式，并进一步要求村集体向农民签发书面合同和证书以确定承包关系。2003 年党的十六届三中全会《关于完善社会主义市场经济体制若干问题的决定》中进一步提出："土地家庭承包经营是农村基本经营制度的核心，要长期稳定并不断完善以家庭承包经营为基础、统分结合的双层经营体制，依法保障农民对土地承包经营的各项权利。农户在承包期内可依法、自愿、有偿流转土地承包经营权，完善流转办法，逐步发展适度规模经营。"2008 年党的十七届三中全会《中共中央关于推进农村改革发展若干重大问题的决定》提出，现有的土地承包关系要保持稳定并长久不变；尊重农户的土地流转主体地位；加快建立土地承包经营权流转市场服务体系；并且要搞好农村土地确权、登记、颁证制度。

纵观改革开放以来中国农村土地制度改革的历史，可以发现该阶段的改革主要集中于在家庭承包制基础上对土地使用权（承包权）进行广度拓展和长度延伸的过程。即，一方面延长土地承包期，由原先的延长 15 年到承包期满再延长 15 年，最后到维持农地承包期 30 年不变。同时逐渐减少村集体对农村土地行政调整的范围，由原先政策允许"大调整"到政策禁止"大调整"鼓励"小调整"，再到政策禁止"大调整"，在"个别经营者"之间限制"小调整"；另一方面允许土地流转，包括转让、转包、交换、继承等形式，并逐渐减少土地流转中的限制，提供越来越自由的土地交易权。这种机制避免了当人口增加时，农民通过集体经济组织对承包权作出行政调整来获得土地，克服了土地的频繁调整，可以在稳定农地产权关系的前提下，实现人口和土地的动态优化组合。

（二）现阶段农地利用的特点

（1）家庭经营占主导。家庭承包经营是家庭经济的一种形式。家庭经济，即以家庭为一个生产经营单位，它不是由一般的市场契约结合而成，而是以血缘和婚姻为纽带组成的，在这种经济实体中，生产经营资产的所有者、经营者和劳动者主要都是同一个家庭的成员，生产单位与生活单位合一，生产经营与家计安排合一，成本耗费与生活消费合一，是家庭经济具有的不同于其他经济形式的显著特点。也因此，家庭经济内部控制的经济因素与道德等非经济因素共同作用，降低了监督成本，增强了激励因素，同时有可能表现出较强的外部适应性和抗逆性，这种内部控制优势和外部适应优势，很大程度上抵消了家庭经济内部资源的竞争性流动限制和规模不经济限制的劣势，是家庭经济生命力的基础。也因此，延续至今的家庭经济成为人类文明史上历史最长的一种经济形式，是农业这个最古老的产业部门中最普遍的经济形式，世界上绝大多数国家农业的主体经营形式是家庭经营，也就是"家庭农场"。因此，农地利用问题的研究离不开对农户这一土地基本经营单位的考察。

（2）家庭土地经营规模偏小，细碎化严重。我国是典型的人多地少的国家（见表3-1），世界人均耕地面积0.24公顷，我国人均0.08公顷，人均耕地面积不及美国的1/8，加拿大的1/19。从经营模式来看，我国除少数国营农场外基本上是以家庭经营为主导，但经营规模远小于发达国家。我国2003年农户家庭平均土地经营规模7.5亩（0.5公顷），户均拥有土地块数5.7块，平均每块大小为1.3亩。

表3-1 1997～1999年耕地利用状况的国际比较

	耕地面积 （千公顷）	人均耕地面积 （公顷/人）	复种指数 （%）	单季谷物产量 （吨/公顷）	单位面积 年谷物当量 （吨/公顷）
美　国	176950	0.67	54	5.8	3.13
加拿大	45560	1.53	53	3.1	1.64
澳大利亚	51885	2.68	35	1.9	0.67
俄罗斯	126008	0.88	40	1.2	0.48
日　本	37652	0.69	57	6.0	3.42
泰　国	51089	0.56	77	2.5	1.93
印　度	297319	0.3	87	2.3	2.00
印　尼	181157	0.19	110	3.9	4.29
中　国	95467	0.08	164	4.5	7.38

	耕地面积 （千公顷）	人均耕地面积 （公顷/人）	复种指数 （%）	单季谷物产量 （吨/公顷）	单位面积 年谷物当量 （吨/公顷）
世界平均水平	1379680	0.24	62	3.2	1.98
高收入国家	630972	0.41	48	3.7	1.78
中等收入国家	748708	0.36	72	2.9	2.09
低收入国家	429452	0.15	70	2.3	1.61

注：谷物当量是由复种指数和单季谷物产量相乘后求得，假设非谷物单产与谷物单产水平相当。

数据来源：《联合国粮农组织农业年鉴》，引自胡瑞法、黄季焜《从耕地和劳动力资源看中国农业技术构成和发展》[J]，《科学对社会的影响》2002年第2期。

我国在实行家庭联产承包责任制后，不仅农户承包土地的经营规模继续趋于减少，而且农户拥有地块数量较多，农户土地经营呈现分散化、细碎化的特点，这种土地细碎化状况较其他一些国家更为明显。从表3-2可以看出，同1950年前后的荷兰、西德等欧洲国家以及1960~1961年的印度相比，我国1999年的平均地块面积和家庭经营规模都远远落后，而户均地块数量较多。与1930年前后的情况相比，户均地块数量增加了0.5块，而家庭经营规模和平均地块面积则显著下降。另据1984年冬至1985年春进行的全国性普查显示，承包户平均土地经营规模为9.3亩（0.62公顷），每户承包土地平均分9.7块；到1990年户均规模下降到8.7亩（0.58公顷），每户平均8.2块，而且平均每块只有1.35亩（0.09公顷），5亩（0.33公顷）以下的占54%（印堃华等，2001）。虽然国家制定了一些政策进行调整，但这种状况仍然没有得到明显改善。农户的这种小规模、细碎化土地经营，成为我国目前农业生产经营和农村土地利用的最主要特征之一。

表 3 - 2　世界一些国家农户土地经营状况

国家	年份	平均地块面积 （公顷）	户均拥有地块数 （块）	家庭经营规模 （公顷）
印　度	1960~1961	0.46	5.7	2.6
荷　兰	1950	2.3	3.2	7.4
比利时	1950	1.1	6.8	7.5
西　德	1949	0.7	10.0	7.0
罗马尼亚	1948	0.9	6.6	5.9
希　腊	1950	0.5	5.6	2.8
西班牙	1945	1.6	7.0	11.2
中　国	1929~1933	0.38	5.6	2.1
中　国	1999	0.087	6.1	0.53

数据来源：转引自谭淑豪、曲福田、尼克·哈瑞柯《土地细碎化的成因及其影响因素分析》[J]，《中国农村观察》2003 年第 6 期。

（3）农地非农化规模大、速度快。在我国经济快速发展的过程中，与劳动力向非农产业转移一样，土地的非农化现象也十分显著。劳动力和土地的非农化将同时影响人地比例，最终影响农地利用，因此有必要讨论一下改革开放后我国土地非农化的进程。

据统计，改革开放以来，中国耕地面积总共减少了 1.8 亿多亩，平均每年减少 700 多万亩。从表 3 - 3 所示的相关数据变化情况来看，改革开放至今中国耕地面积的减少主要经历了两次高峰：一是 1984~1986 年间，这三年的耕地减少量超过了除 1979~1992 年之外的其余年份减少量的总和，特别是 1985 年当年减少的耕地面积更是高达 100 万公顷以上；二是 2000~2004 年间，这五年中减少的耕地面积量占据了改革开放以来中国耕地减少总面积的一半左右。

表 3 - 3　改革开放以来中国耕地面积变化情况

单位：千公顷

年份	年末耕地面积	比上年增减	年份	年末耕地面积	比上年增减
1979	99498.1	—	1980	99305.2	- 192.9

续表

年份	年末耕地面积	比上年增减	年份	年末耕地面积	比上年增减
1981	99035.1	- 270.1	1995	94973.9	67.2
1982	98606.3	- 428.8	1996	130039.2	—
1983	98359.6	- 246.7	1997	129903.1	- 136.1
1984	97853.7	- 505.9	1998	129642.1	- 261.0
1985	96846.3	- 1007.4	1999	129205.5	- 436.6
1986	96229.9	- 616.4	2000	128243.1	- 962.4
1987	95888.7	- 341.2	2001	127615.8	- 627.3
1988	95721.8	- 166.9	2002	125929.6	- 1686.2
1989	95656.0	- 65.8	2003	123392.2	- 2537.4
1990	95672.9	16.9	2004	122444.3	- 947.9
1991	95653.6	- 19.3	2005	122082.7	- 361.6
1992	95425.8	- 227.8	2006	121775.9	- 306.795
1993	95101.4	- 324.4	2007	121735.2	- 40.6724
1994	94906.7	- 194.7			

　　说明：1996 年以来耕地面积的统计是以第一次土地详查数据为基础的，而之前是采用农业部门的统计数据，因此口径有所不同。

　　数据来源：1979～1982 年的耕地面积数据来自《新中国五十年农业统计资料》，其余年份耕地数据来自《中国农业发展报告 2008》部分年份数据未得。

三　改革开放以来中国的人地关系演进

　　人多地少作为我国的基本国情，这一矛盾主要表现在以下几个层面。首先，土地资源绝对数量与人均占有数量之间的矛盾。我国国土总面积达 960 万平方公里，占世界陆地总面积的 6.4%。但由于我国人口绝对基数的制约，人均土地占有比例很小。其次，耕地资源的空间分布很不均匀，约有 1/3 的省份人均耕地不足 1 亩，有 666 个县人均耕地低于联合国 0.8 亩的警戒线，有 463 个县人均耕地低于联合国 0.5 亩的危险线。最后，耕地质量弱化与人口增长同时并存。我国可以开垦利用的后备耕地资源相对较少，两者相加总和约占全国国土面积的 14.9%。与此同时，可利用耕地质量总体较差，据全国第二次土壤普查资料显示，全国高产田占农村耕地总面积的 21.5%，中产田占 37.23%，低产田占 41.2%，全国耕地面积中水产田占 41.2%，而水土流失面积约占 35%，沙漠化面积约占 2%，盐碱地面积约占 6%。近年来，我国人口每年以 1000 万左右的速度递增，而农村土地却以每年数百万亩的数量递减，形成了我国现代化进程中所特有的人增地减的尴尬格局（冯继康等，2004）。

（一）我国人地比例的变化趋势

（1）劳均耕地面积变化趋势。改革开放以来，虽然农业劳动力大规模转移到非农产业，但同时耕地也在迅速减少，导致劳均土地经营规模没有显著扩大。表 3 - 4 显示 1996～2005 年十年间，农业劳动力减少了 2000 万，但同期耕地面积从 19.5 亿亩下降到 18.3 亿亩，减少了 2000 万亩，从而劳均耕地面积一直保持在 6 亩的水平，没有得到提高。即便考虑到有效灌溉面积和复种指数的影响，"有效土地/劳动比率" 也没有显著增加，而是一直徘徊在 3.30 左右。

表 3 - 4　1994～2005 年中国农业土地和劳动投入情况

年份	劳动（千人）	耕地面积（千亩）	土地/劳动比率	灌溉面积（千亩）	灌溉面积（%）	复种指数	有效土地/劳动比率
1994	326900	1423601	4.4	731880	51	156	2.50
1995	323345	1424608	4.4	736785	52	158	2.53
1996	322604	1950588	6.0	755721	39	117	3.35
1997	324349	1948547	6.0	768578	39	119	3.34
1998	326264	1944631	6.0	784440	40	120	3.32

续表

年份	劳动 （千人）	耕地面积 （千亩）	土地/劳动 比率	灌溉面积 （千亩）	灌溉面积 （％）	复种指数	有效土地/劳动 比率
1999	329118	1938082	5.9	797376	41	121	3.29
2000	329975	1923647	5.8	807305	42	122	3.26
2001	324510	1914237	5.9	813741	43	122	3.30
2002	319910	1888944	5.9	815322	43	123	3.31
2003	312600	1850883	5.9	810210	44	124	3.33
2004	305960	1836665	6.0	817181	44	125	3.38
2005	299755	1831241	6.1	825440	45	127	3.44

注：1996年前后的耕地面积差异非常显著，由于1996年后的数据建立在第一次土地详查的基础上，更值得信赖。

数据来源：《中国农业发展报告2006》。有效土地/劳动比率＝土地/劳动比率×［1＋灌溉面积（％）/4］×［1＋（复种指数－100）/200］，参见《制度、技术与中国农业发展》，上海人民出版社，2005，第147页。

（2）农业劳动生产率变化趋势。考察农业劳动生产率发现，改革开放以来农业劳动生产率提升速度非常缓慢，这与非农产业和全社会劳动生产率的大幅提高形成鲜明对比。改革之初非农产业与农业劳动生产率的差距并不大，整个20世纪80年代两者几乎平行发展，但进入20世纪90年代后，非农产业劳动生产率迅速提高，将农业远远抛在了后面（见图3-1）。这在一定程度上说明，没有土地经营规模的扩大，农业劳动生产率的提高是非常困难的。

（二）人地比例与农地利用：国际比较及启示

国际比较显示，人地比例与农地利用具有一定的相关性（见图3-2）。通常人多地少的国家具有较高的土地生产率，如中国、日

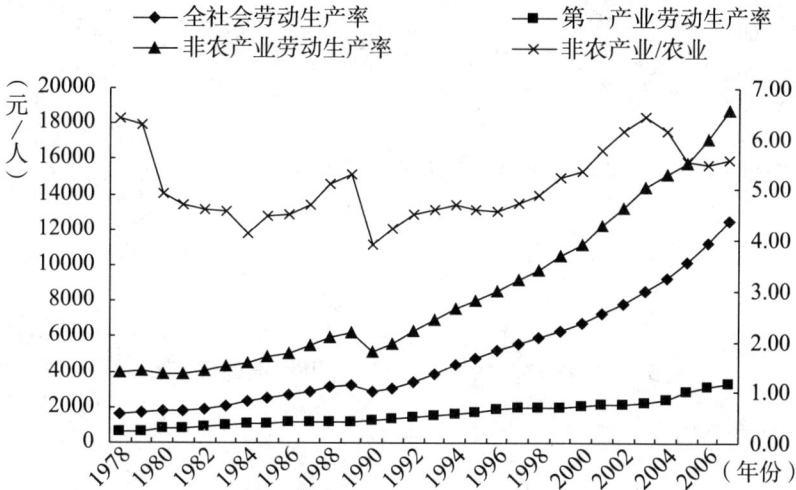

图3-1 1978~2006年我国劳动生产率变化趋势

本、印尼等,而人少地多的国家的土地生产率较低,如加拿大、澳大利亚、俄罗斯等,劳动生产率则相反。速水佑次郎和弗农·拉坦(1985)对此进行了大范围的国际比较研究,以美国的机械型技术进步和日本的生物型技术进步为代表,形成了诱致性技术和制度变迁理论。机械型技术进步以节约劳动或者减轻劳动投入的强度为特征,其主要目的是用机械替代劳动力。随着技术的发展,具备节约劳动特征的技术进步已经不局限于机械,抛秧栽培技术、除草剂等都可以看做这类技术变迁。生物型技术的特点是节约土地,即通过改进动植物生产与生活方式,调节其生物机能,提高其自身的抗逆能力,以提高其单位耕地或者投入品的生产率。生物型技术发展方式最常见的是新品种技术、施肥技术、病虫害防治技术、多熟制耕作和栽培技术等(胡瑞法等,2002)。

比较表3-5、表3-6可以发现,日本和美国分别沿着提高土地

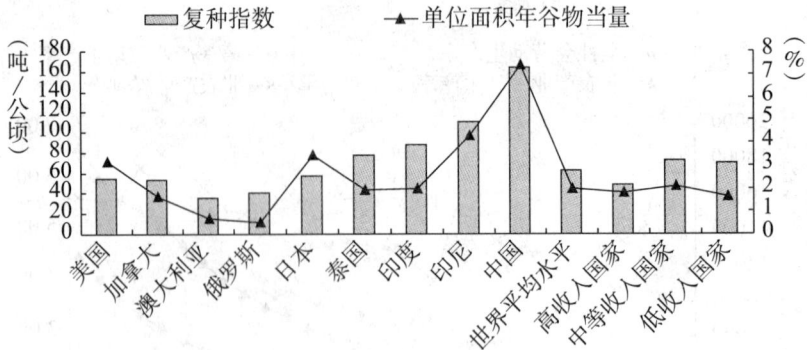

图 3 - 2   1997～1999 年耕地利用状况的国际比较

数据来源：表 3 - 1。

生产率和劳动生产率两个不同方向发展，实现了各自农业的现代化。从我国的资源禀赋来看，借鉴日本的发展路径，以土地节约、劳动集约为特征的技术创新和推广是未来农业的发展方向。

四　小结

从国情层面上看，人多地少的基本现实与人地关系的矛盾冲突是农地利用效率提高的重要障碍。我国农村目前人多地少的现实，必然使家庭小规模承包经营的格局长期化与凝固化，致使劳动投入与土地投入都超越了可替代的合理限度，农村土地的规模效益难以正当获取，不仅阻碍了农业生产结构的调整与优化，而且阻碍了传统农业向现代农业的历史转换，最终使农业比较利益持续低下，从而使农业生产经营活动丧失了市场经济所要求的基本利益吸拉力和效率推动力。同时，立足于农户规模经济求解小农经济效率改进是许多理论研究者所倡导的。但由于人地矛盾以及效率与公平的必然兼顾，使农户土地规模达到规模经济要求的程度在中国不具备普遍的实践可行性。从美国和日本农地利用方式和效率的演进来看，在农业内部重点创新并推广劳动密集型、土地节约型的技术而非机械化等劳动节约型的技术是符合我国比较优势的演进路径。

表 3 - 5 美国的劳动生产率和土地生产率

年份	1960 年指数 = 100（%）					男性工人人均产出 WU	每公顷产出 WU
	农业产出	男性农业工人人数	农业用地	男性工人人均产出	每公顷产出		
1880	29	200	46	15	64	13.0	0.5
1885	32	214	50	15	65	13.3	0.5
1890	35	230	54	15	66	13.5	0.5
1895	40	238	64	17	64	14.9	0.5
1900	46	248	73	18	63	16.3	0.5
1905	47	254	75	19	64	16.4	0.5
1910	48	260	77	19	64	16.4	0.5
1915	51	259	80	20	65	17.5	0.5
1920	53	256	83	21	64	18.3	0.5
1925	56	246	80	23	71	20.3	0.6
1930	60	236	88	25	69	22.5	0.5
1935	56	224	94	25	60	22.0	0.5
1940	68	214	94	32	73	25.4	0.6
1945	78	186	102	42	77	36.9	0.6
1950	84	160	104	52	82	46.5	0.6
1955	90	130	104	69	87	61.5	0.7
1960	100	100	100	100	100	88.8	0.8
1965	107	77	99	140	108	124.2	0.9
1970	116	54	99	217	118	192.6	0.9
1975	126	49	98	255	129	226.3	1.0
1980	146	45	97	324	151	287.8	1.2

数据来源：〔日〕速水佑次郎、〔美〕弗农·拉坦：《农业发展的国际分析》，郭熙保、张进铭等译，中国社会科学出版社，2000 年第 1 版，第 550 页。

表 3 - 6　日本的劳动生产率和土地生产率

年份	1960 年指数 = 100（%）					男性工人人均产出 WU	每公顷产出 WU
	农业产出	男性农业工人人数	农业用地	男性工人人均产出	每公顷产出		
1880	30	134	78	22	38	2.3	3.3
1885	33	134	79	25	42	2.6	3.6
1890	36	134	81	27	44	2.8	3.8
1895	37	135	83	27	45	2.8	3.9
1900	41	136	86	30	48	3.1	4.1
1905	46	136	87	34	53	3.5	4.6
1910	51	136	92	38	55	3.9	4.7
1915	58	132	95	44	61	4.5	5.2
1920	61	122	99	50	62	5.2	5.3
1925	62	119	97	52	64	5.4	5.5
1930	67	122	98	55	68	5.7	5.8
1935	71	121	101	59	70	6.1	6.0
1940	71	102	101	70	70	7.2	6.0
1945	59	98	95	60	62	6.2	5.3
1950	66	124	96	53	69	5.5	5.9
1955	80	118	99	68	81	7.0	7.0
1960	100	100	100	100	100	10.3	8.6
1965	113	73	99	155	114	16.0	9.8
1970	127	64	95	198	134	20.4	11.5
1975	132	48	92	275	143	28.3	12.3
1980	146	43	90	340	162	35.0	13.9

数据来源：〔日〕速水佑次郎、〔美〕弗农·拉坦：《农业发展的国际分析》，郭熙保、张进铭等译，中国社会科学出版社，2000 年第 1 版，第 552 页。

第四章

劳动力跨区转移对区域农地利用效率的影响

改革开放以来，中国农村劳动力转移规模不断扩大，异地跨区流动逐渐成为 20 世纪 90 年代以来劳动力迁移的主要方式。国家统计局调研组对全国 31 个省（区、市）6.8 万农村住户和 7100 多个行政村的抽样调查数据显示，在外出民工群体中，50% 以上的农民工属于跨省流动，而且规模逐年增加。总体上说，农村劳动力呈现从中、西部地区向东部沿海地区流动的趋势，且多数转移劳动力仍然没有彻底脱离土地。他们往返于城市和农村，农闲时期外出务工，农忙时期返乡务农，形成了独具中国特色的农村劳动力跨区流动模式。这些在城市和农村之间往返的流动人口还没有彻底离农，对农地利用仍然有着直接的影响。目前，已有研究主要集中于分析劳动力流动对地区经济发展水平差距、收入差距等的收敛作用。例如，刘强（2001）的研究结果显示，大规模的劳动力迁移是中国地区间经济增长收敛的重要诱发因素。王德文等（2003）研究了 1985 ~ 2000 年间中国人口迁移对区域经济差异的均衡作用，认为人口迁移在 1990 年前后使十几个省区的 GDP 值平均增加了 1.5%，并使这些省市的基尼系数分别降低了 1.6% ~ 7.5%。王小鲁等（2004）发现劳动力在地区间的流动缩小了地区间的劳动报酬差距和人均 GDP 差距。但很少有研究关注区域层面上劳动力转移对农地利用效率的影响。有研究发现农地综合生产效率存在一定程度的地区差异，在 2000~2005 年间各地区的农地生产效率都出现了下降的趋势，很多分析从自然条件、耕地资源禀赋、农业生产设施条件、经济发展水平等方面寻找原因（周晓林，2009；梁流涛，2008；刘新平，2008），但是在此期间，农村劳动力大规模的跨区流动是否是造成各地区农地生产效率下降的因素仍然很少受到关注。鉴于此，本章首先从理论上解释劳动力跨区流动对区域农地生产效率可能造成的影响，然后利用统计数据测算各省份农地利用的综合效率，并结合全国 30 个省份 1990 年、1995 年、2000 年三年的省级层面的人口统计和经济发展数据，定量检验了劳动力跨区流动与农地利用效率间的关系。

一 劳动力跨区转移对区域农地利用的影响：理论探讨

在新古典经济学的逻辑中，农村劳动力外流削减了当地劳动力市场上的劳动力供给并提高了市场的均衡工资。因此，劳动力城乡迁移对城市部门的就业和农业部门的产出都有不良的影响（Todaro，1969）。在刘易斯等的二元经济模型中，作为农业部门剩余劳动力的个体向城市部门的流动对农业的总产出是没有影响的。一旦剩余劳动力耗尽，则劳动力流失的负效应开始体现。在区域层面上，劳动力转移对劳务输出区存在两方面的效应，一方面减少了输出地的劳动力资源，这既可能缓解输出地的人口压力，提高土地经营规模，也可能导致因劳动力不足而粗放经营土地；另一方面劳动力转移增加了移民汇款。根据劳动和社会保障部和国家统计局在全国 6 万多农户抽样调查基础上进行的推算，截至 2000 年，跨省流动劳动力（外出半年以上）约为 2825 万人，其中，56% 来自中部地区，82% 流向东部地区；而 2000 年农村转移劳动力人均寄带回家的款额为4522 元。由此推算，由东部地区流向中部地区的劳动力汇款应当接近 600 亿元，这一数字已远远超过了东、中部地区间国家财政支出的差额（冯子标，2005）。劳动力汇款对劳动力流出地区农民收入的增长起到了直接的支撑作用。

为了更清楚地解释劳动力跨区流动对农地利用效率的影响，本书构建了一个区域生产要素流动模型，主要考察劳动力从经济欠发达地区向经济发达地区的流动情况，这也是目前中国农村劳动力跨区流动的主要方向（见图 4 - 1）。

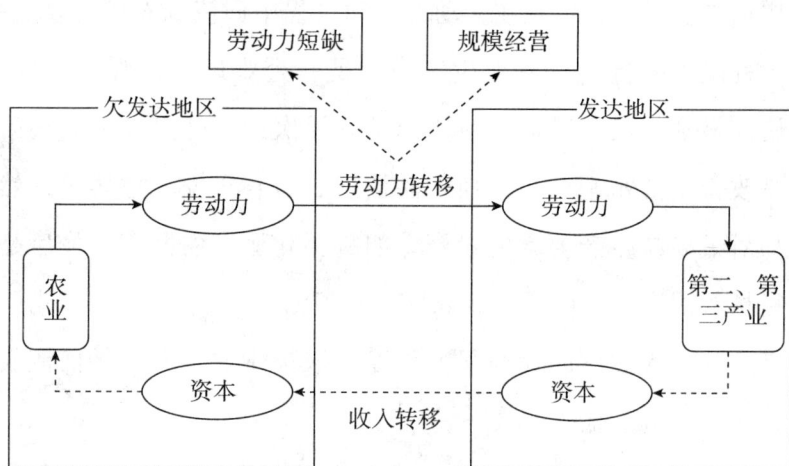

图 4 - 1 区域生产要素流动模型

从目前中国农村劳动力转移的特点来看，农村劳动力从经济欠发达地区向经济发达地区转移的同时仍然从事土地经营，即兼业现象非常普遍，但从事农业经营的劳动力数量仍然在减少，如果转移的劳动力为农村剩余劳动力，那么这种劳动力跨区流动并不会打破原有的土地与劳动力间最优配置关系，也不会影响农地利用效率。但是如果转移的劳动力并非农村剩余劳动力，那么可能将出现两种情况：一种情况是农村劳动力转移没有激发土地规模化经营，原有的土地与劳动力间最优配置关系并没有改变，那么劳动力数量的减少必然打破原有的土地与劳动力间配置关系，引发劳动力短缺导致的农地利用效率的下降；另一种情况可能是农村劳动力转移激发了土地规模化经营，原有的土地与劳动力间最优配置关系改变为规模化经营下的土地与劳动力间最优配置关系，这样劳动力数量的减少可能并不引发劳动力短缺，降低农地利用效率。此外，经济欠发达地区的劳动力外流提高了农户的收入水平，有助于扩大土地经营规模，增加农业投资。但是在劳动力流动过程中回流到农村的收入中，在多大程度上被配置到农业生产中，是一个难以直接观察的现象。相关研究显示，农户对资金的使用是分层次的，外出打工的钱第一用途是改善生活水平，如增加食品消费、教育子女、建房等，然后是追加对最稀缺生产要素的投资，如购买化肥、农药等，最后是对农业机械等固定资产的投入（蔡昉，2007）。因此，农村劳动力跨区流动带来的收入效应的大小很大程度上取决于农户是否将回流农村的收入用于改进土地生产效率。

从图 4-1 可以看出，农村劳动力跨区流动对区域农地利用效率的影响是劳动力短缺效应和收入效应之和（不发生规模经营情况下），或者是规模经营效应和收入转移效应之和（发生规模经营时），加之收入转移效应本身的不确定性，因此，农村劳动力跨区流动对农地利用效率的影响关系并不明晰，需要用数据检验。

二 基于 DEA 方法的省域农地利用效率测算

准确地测算农地利用效率是检验农村劳动力跨区流动对农地利用效率影响的基础。数据包络分析（Data Envelopment Analysis，简称 DEA）是评价效率的有效方法，它是一种广泛用于学校、医院、铁路、银行等公共服务部门的运行效率评价方法。近年来也被应用到全国（刘大为等，2005）、区域（李周等，2005；陈丽能等，2000）和市县（刘璨，2003；杨利蓉等，2009）不同尺度的农业生产效率和特定作物生产效率（张红梅，2005）的综合评价中。随着对农地利用方面研究的深入，DEA 方法也被引入到农地利用效率的评价中。例如，运用 DEA 的 C^2R 模型和 B^2C 模型，周晓林等（2009）对我国 1990～2005 年间区域农地的生产效率差异进行了比较研究，梁流涛等（2008）同样利用 DEA 方法测算了 1997～2004 年间全国各省份的耕地利用效率，刘新平等（2008）对新疆农地利用效率进行了评价等。因此，采用 DEA 方法测度的农地利用效率能够较好地衡量区域层面的农地利用效率。下面首先对 DEA 方法的原理和优势做简要介绍[①]。

（一） 数据包络分析（DEA）简介

数据包络分析是著名运筹学家 A. Charnes 和 W. W. Cooper 等学者在"相对效率评价"概念基础上发展的一种效率评价方法。它把单输入单输出工程效率概念推广到多输入多输出同类决策单元（Decision Making Unit，简称 DMU）有效性评价中去，极大地丰富了微观经济中的生产函数理论及其应用技术，成为评价效率的重要分析方法和研究手段。DEA 作为一种新的效率评价方法，与以前的传统方法相比有着很多的优势，主要表现在以下几点。

----

① 关于该方法的详细内容可以参考魏权龄：《数据包络分析（DEA）》，科学出版社，2004 年第 1 版，第 1～362 页。

（1）DEA方法是用于多投入多产出的复杂系统的有效性评价。由于它在分析时不必计算综合投入量和综合产出量，因此避免了在使用传统方法时，由于各指标量纲等方面的不一致而在寻求同度量因素时遇到诸多的困难。

（2）具有很强的客观性。由于该方法是以投入产出指标的权重为变量，从最有利于被评价单元的角度进行评价，无须事先确定各指标的权重，避免了在权重的分配时评价者的主观意愿对评价结果造成影响。

（3）投入产出的隐表达使得计算简化。当一个多投入多产出的复杂系统各种量之间存在着交错复杂的数量关系时，对这些数量关系的具体函数形式的估计就是一个十分复杂而困难的事。而使用DEA方法，可以在不给出这种函数的现表达式的前提下仍然能正确测定各种投入产出量的数量关系。

（4）可用来估计多投入多产出系统的"生产函数"。对于一个多投入多产出的复杂系统来说，当每一种投入量影响到一种或多种产出时，以各产出量为因变量的向量函数的估计，对传统的方法几乎是不可能的，而DEA法则利用其自身的优势，给出了这种函数的隐表达。

DEA是使用数学规划模型比较决策单元之间的相对效率，对决策单元作出评价。一个决策单元（DMU）在某种程度上是一种约定，它可以是企事业单位、技术方案或技术政策等。确定DMU的主导原则是：就其"耗费的资源"和"生产的产品"来说，每个DMU都可以看做是相同的实体。亦即在某一视角下，各DMU有相同的输入和输出。通过对输入输出数据的综合分析，DEA可以得出每个DMU的综合数量指标，据此将各DMU定级排队，确定有效的（即相对效率最高的）DMU，并指出其他DMU非有效的原因和程度，给主管部门提供管理信息。DEA还能判断各DMU的投入规模是否恰当，并能给出各DMU调整投入规模的正确方向和程度，应扩大还是缩小，改变多少为好。DEA 方法的原理，简单地说，就是首先构造一个生产最佳前沿面，把每一个 DMU 的生产同前沿面进行比较，从而测度每个 DMU 的相对效率。落在生产最佳前沿面上的 DMU 的效率值为 1，其他未落在边界上的 DMU，则称为无效率的 DMU，其效率值介于 0 ~ 1 之间。目前常用的 DEA 模型是 C^2R 模型和 B^2C 模型，两者的最大区别在于规模报酬的假设，前者是假设规模报酬是不变的，测度的是不变规模下的综合技术效率（CRSTE），它衡量的是投入转化为投入的效率；后者去掉了这个基本假设，测度的是规模报酬可变条件下的纯技术效率（VRSTE），它衡量的是生产领域中技术更新速度的快慢和技术推广的有效程度。生产要素的增加并不意味着生产力水平的提高。由于存在规模经济和不经济，因此，规模效率是生产绩效的内在组成部分，同样，技术进步也是生产力增长的内在组成部分，生产力水平的提高取决于生产要素使用效率和技术进步的提高（也就是生产可能曲线向外移动）。因此，综合技术效率（TE）可以分解为规模效率（SE）与纯技术效率（PTE）的乘积，即 TE = PTE × SE。规模效率可以通过 SE = CRSTE/ VRSTE 获得。其中，CRSTE 是 DEA 中不可变规模的技术效率，VRSTE 是 DEA 中可变规模的技术效率。技术进步是指生产可能性曲线从原点向外移动。根据规模效率可以判断各决策单元处在递增或递减的规模报酬区间，据此可以调整各评价单元的生产规模，使其达到生产规模的最佳状态。

（二）指标选择和数据来源

根据本书的研究目的，在区域层面本书更关注农地的生产功能，因此将其作为和劳动力、资本并列的农业生产投入，相应的农地利用效率即农地的生产效率。为考察农地的生产效率，本书将农地置于农业生产系统中，其投入指标可以概括为土地、资本和劳动力三个方面（周晓林等，2009；梁流涛等，2008；刘新平等，2008）。鉴于数据的可获性，分别采用耕地面积来表示土地的投入，用农用化肥施用量和农用机械总动力来表示资本的投入，用生产中的实际劳动人员来表示劳动力投入。选择农业总产值为产出指标，反映农业部门在一定时期内生产经营活动的最终成果。表4-1汇总了DEA模型中采用的"投入—产出"指标。其中，化肥施用量是折纯量①，而农业总产值仅指狭义的农业即种植业产值，不包括林业、牧业、副业和渔业。此外还利用各年可比价格指数将对应年份的农业总产值统一折算到基准年（1990年），使各年度的数据具有可比性。

表4-1　农地生产效率的DEA模型"投入—产出"指标

投入指标				产出指标
耕地面积（千公顷）	农用化肥施用量（万吨）	农用机械总动力（万千瓦）	农业劳动力（万人）	农业总产值（亿元）

　　以全国30个省、直辖市和自治区（不包括港、澳、台地区，重庆的数据合并入四川省）的各项投入、产出指标构成评价单元，投入产出的原始数据来源于《中国统计年鉴2006》、《中国统计年鉴2001》和《中国农业统计资料汇编1949～2004》，选择的是1990年、1995年、2000年和2005年各省份数据。运用DEAP2.1软件进行求解，将各省份计算结果汇总得到表4-2。

（三）DEA结果分析

（1）整体农地利用效率的变动趋势。1990～2005年间，我国整体农地利用效率水平不高，呈现出先增加后降低的趋势。1990～1995年间，农地利用的综合效率取得了显著提升，相应的技术效率和规模效率也都表现出一定水平的增长，但1995年之后，三种效率

---

① 折纯量是指把氮肥、磷肥、钾肥分别按含氮、含五氧化二磷、含氧化钾的百分之百成分进行折算后的数量。复合肥按其所含主要成分折算。公式为：折纯量 = 实物量×某种化肥有效成分含量的百分比。

表 4－2 1990～2005 年各省农地利用 DEA 效率

省份	1990 年				1995 年				2000 年				2005 年			
	综合效率	技术效率	规模效率	规模报酬阶段	综合效率	技术效率	规模效率	规模报酬阶段	综合效率	技术效率	规模效率	规模报酬阶段	综合效率	技术效率	规模效率	规模报酬阶段
北京	1	1	1		1	1	1		1	1	1		1	1	1	
天津	0.651	0.736	0.884	递增	1	1	1		0.958	0.959	0.999	递减	0.651	0.736	0.884	递增
河北	0.56	0.852	0.657	递减	0.657	0.85	0.773	递减	0.577	0.812	0.71	递减	0.536	0.852	0.629	递减
山西	0.447	0.466	0.96	递减	0.472	0.505	0.935	递减	0.441	0.464	0.95	递减	0.381	0.423	0.9	递减
内蒙古	0.525	0.698	0.753	递减	0.753	0.838	0.899	递减	0.737	0.799	0.922	递减	0.525	0.677	0.776	递减
辽宁	0.775	0.986	0.786	递减	0.837	0.841	0.996	递增	0.783	0.927	0.844	递减	0.691	0.868	0.796	递减
吉林	0.616	0.866	0.711	递增	0.894	0.898	0.996	递减	0.595	0.689	0.863	递增	0.548	0.665	0.824	递减
黑龙江	0.627	0.939	0.668	递减	0.866	0.898	0.866	递减	0.628	0.704	0.892	递减	0.616	0.863	0.714	递减
上海	1	1	1		0.947	1	0.947	递减	1	1	1		0.655	1	0.655	递减
江苏	0.679	1	0.679	递减	1	1	1		0.703	1	0.703	递减	0.898	1	0.898	递减
浙江	0.937	1	0.937	递减	0.72	0.763	0.943	递减	0.981	1	0.981	递减				
安徽	0.432	0.529	0.816	递减	0.96	0.965	0.995	递增	0.497	0.59	0.843	递减	0.371	0.514	0.721	递减
福建	1	1	1		0.944	0.95	0.993	递增	0.981	1	0.981	递增	1	1	1	
江西	0.547	0.639	0.856	递减	0.6	0.738	0.813	递减	0.662	0.853	0.776	递减	0.51	0.639	0.798	递减
山东	0.698	1	0.698	递减	0.615	0.733	0.838	递减	0.606	1	0.606	递减	0.634	1	0.634	递减
河南	0.565	0.887	0.637	递减					0.581	1	0.581	递减	0.535	0.887	0.603	递减

续表

省份	1990 年 综合效率	技术效率	规模效率	规模报酬阶段	1995 年 综合效率	技术效率	规模效率	规模报酬阶段	2000 年 综合效率	技术效率	规模效率	规模报酬阶段	2005 年 综合效率	技术效率	规模效率	规模报酬阶段
湖北	0.68	0.923	0.737	递减	1	1	1		0.62	0.948	0.654	递减	0.487	0.861	0.565	递减
湖南	0.654	0.788	0.83	递减	0.819	0.834	0.982	递减	0.662	0.72	0.919	递减	0.602	0.788	0.764	递减
广东	1	1	1						0.929	1	0.929	递减	0.904	1	0.904	递减
广西	0.623	0.63	0.988	递减	0.716	0.731	0.98	递减	0.481	0.576	0.836	递减	0.458	0.63	0.726	递减
海南	1	1	1		1	1	1		1	1	1		0.623	0.8	0.779	递减
四川	0.734	1	0.734	递减					0.651	1	0.651	递减	0.602	1	0.602	递减
贵州	0.715	0.721	0.991	递减	0.678	0.704	0.962	递减	0.694	0.836	0.83	递减	0.561	0.679	0.826	递减
云南	0.618	0.662	0.934	递增	1	1	1		0.615	0.753	0.817	递减	0.507	0.662	0.766	递减
西藏	0.785	1	0.785	递减					1	1	1		0.785	1	0.785	递增
陕西	0.538	0.586	0.918	递减	0.63	0.633	0.996	递增	0.45	0.605	0.743	递减	0.415	0.559	0.743	递减
甘肃	0.675	0.706	0.955	递减	0.659	0.768	0.857	递减	0.595	0.649	0.916	递减	0.619	0.693	0.893	递减
青海	0.674	0.925	0.728	递增	0.549	0.634	0.866	递增	0.444	0.615	0.722	递增	0.674	0.786	0.857	递增
宁夏	0.366	0.455	0.804	递增	0.423	0.571	0.74	递增	0.362	0.538	0.672	递增	0.342	0.442	0.773	递增
新疆	0.919	1	0.919	递减					1	1	1		0.919	1	0.919	递减

均呈现出显著下滑状态。2005 年全国平均的农地综合效率为 0.64，显著低于 1995 年 0.83 的水平（见图 4 - 2）。

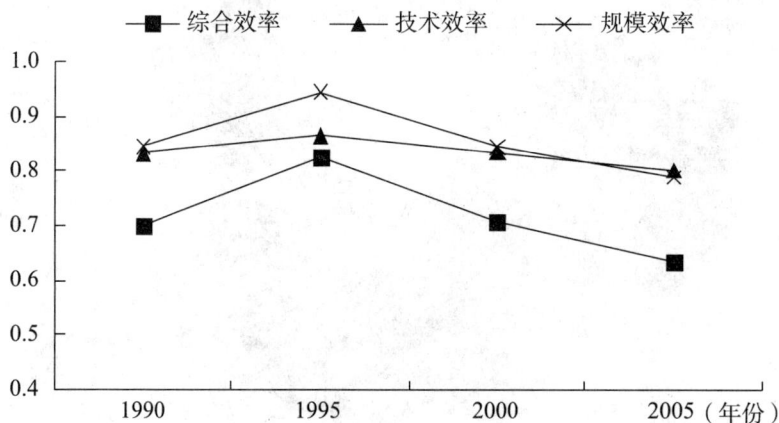

图 4 - 2　1990～2005 年农地利用效率的变化趋势

从地域分布上看，我国农地利用效率区域差异显著。图 4 - 3 是各省份在 1990 年、1995 年、2000 年和 2005 年的农地利用 DEA 综合效率。图上颜色由深到浅代表 DEA 综合效率由高到低。1990 年，农地利用综合效率最高的区域是新疆、北京、上海、浙江、福建、广东和海南。除新疆、海南以外，其他省份均位于当时经济最发达的地区。当时西部地区和东北三省、山东和江苏也取得了较高的农地利用效率，而中部地区的省份多数处于农地利用效率较低的状态。到了 1995 年，我国整体的农地利用效率有了相当显著的提高，仅青海、宁夏和山西的农地利用效率处于较低水平，中、西部省份的农地利用效率得到显著提高。2000 年东部沿海地区继续保持了较高的效率水平，而中、西部省份则出现明显的下滑，截至 2005 年，高效率的省区从 1995 年的 9 个降为 6 个，而低效率省区则上升为 13 个，农地利用效率下降的趋势仍在继续。整体上看，新疆、北京、上海、浙江、福建、广东和海南一直处于高效率状态。

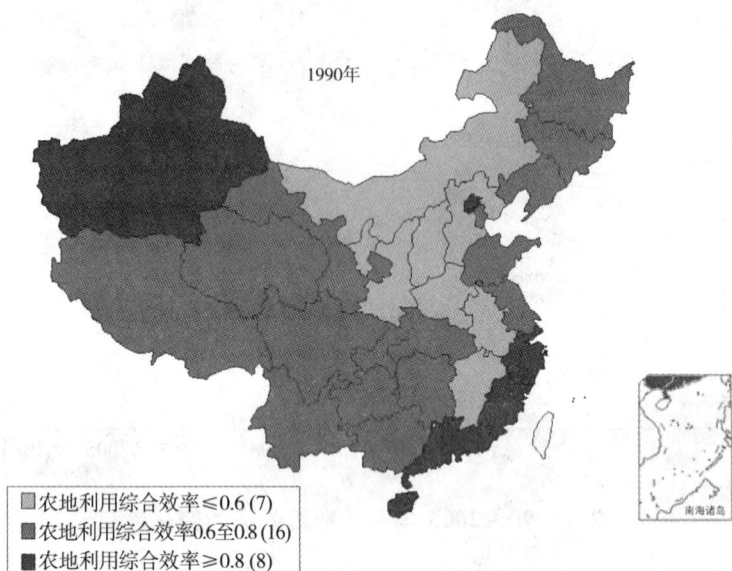

1990年

农地利用综合效率≤0.6 (7)
农地利用综合效率0.6至0.8 (16)
农地利用综合效率≥0.8 (8)

南海诸岛

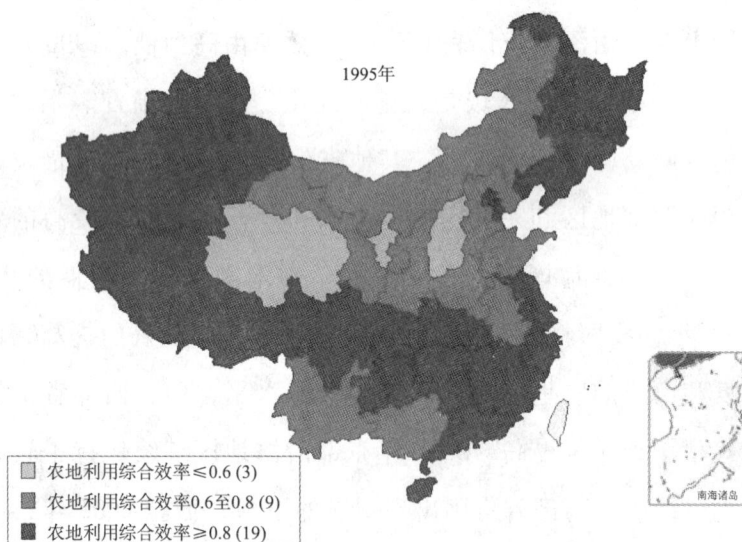

1995年

农地利用综合效率≤0.6 (3)
农地利用综合效率0.6至0.8 (9)
农地利用综合效率≥0.8 (19)

南海诸岛

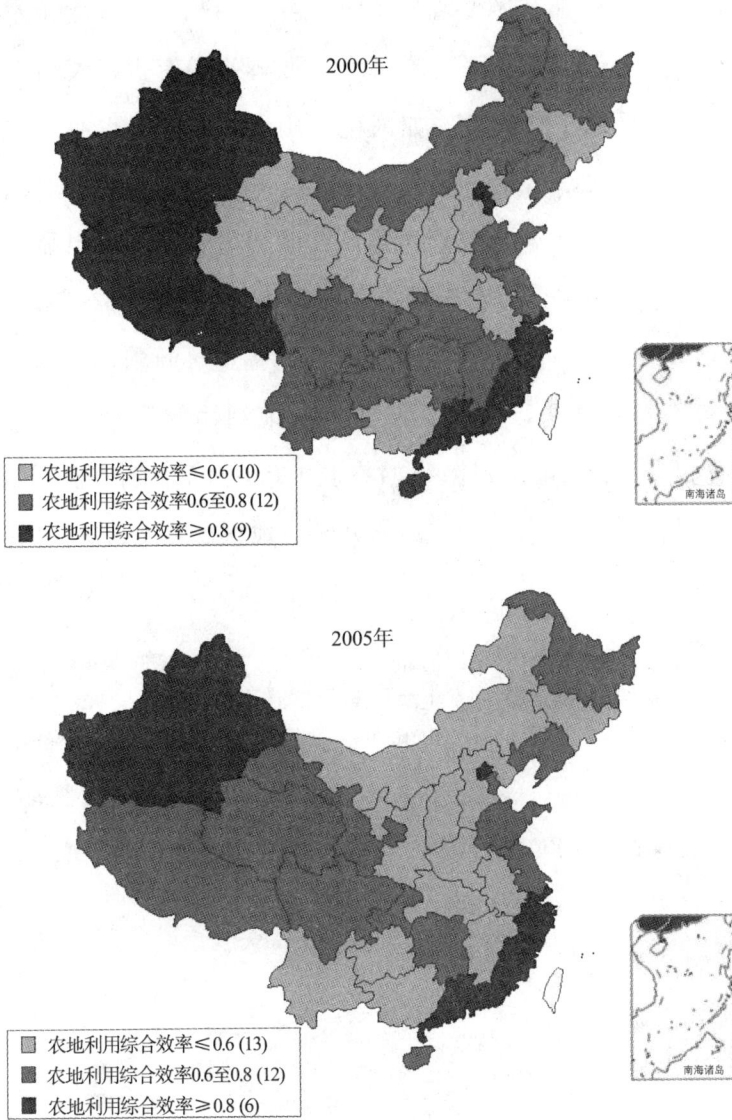

2000年

农地利用综合效率≤0.6 (10)
农地利用综合效率0.6至0.8 (12)
农地利用综合效率≥0.8 (9)

2005年

农地利用综合效率≤0.6 (13)
农地利用综合效率0.6至0.8 (12)
农地利用综合效率≥0.8 (6)

图 4-3 1990 年、1995 年、2000 年和 2005 年我国

农地利用效率的区域差异

（2）各省份农地利用效率变动情况。图 4-4 绘制出了 1990～

2005 年间各省份农地利用综合效率的变化趋势。大多数省份在 1990～

1995 年间综合效率都有显著增长，1995 年之后出现了显著下滑，变化趋势呈现倒 U 形，如江西、吉林、陕西等。还有少数省份变化趋势较为平稳，呈现小幅波动，如河南、山西、宁夏。也有个别省份的农地利用综合效率是先下降后回升，呈 U 形，如青海和甘肃。除了各省份的变化趋势不尽相同之外，农地利用效率显示出显著的区域差异。各省份的综合效率值分布区间在 0.3 ~ 1 之间，多数省份集中在 0.6 ~ 0.8 之间，北京、上海、浙江、福建、新疆、广东、海南的 DEA 效率都在 0.9 以上，长期处于农地利用效率水平较高的状态。但有相当一部分省份的效率始终低于 0.6，而个别省份则始终徘徊在 0.4 左右，如宁夏和山西，表明这些地区长期处于农地利用的低效率状态。

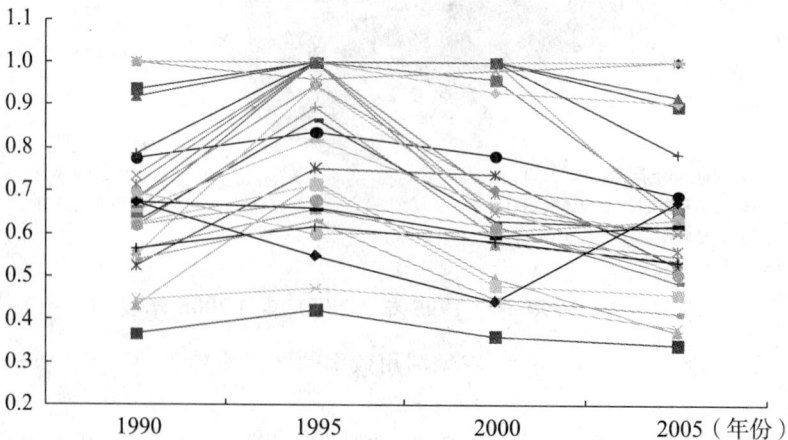

图 4 - 4　1990 ~ 2005 年各省份农地利用效率的变化趋势

考察各省份的农地技术效率〔见图 4 – 5（a）〕，可以发现 1990 ~ 2005 年间各省份农地技术效率变化范围在 0.4 ~ 1 之间，分布较为均匀。从变化趋势来看，多数省份农地技术效率在这十五年间波动很大，如黑龙江，1995 年前其农地技术效率接近 1 的水平，到 2000 年时跌至 0.7，到 2005 年回升至 0.86。从各省份的农地规模效率〔见图 4 – 5（b）〕来看，变化范围大体在 0.6 ~ 1 之间，分布较为集中，变化趋势上，多数省份呈现 N 形。

─■─ 北 京	─▲─ 天 津	─ 河 北	─✱─ 山 西	─●─ 内蒙古	─┼─ 辽 宁
─◆─ 上 海	─ 江 苏	─▲─ 浙 江	─ 安 徽	─ 福 建	─ 江 西
─ 湖 北	─ 湖 南	─ 广 东	─▲─ 广 西	─ 海 南	─✱─ 四 川
─ 西 藏	─ 陕 西	─◆─ 甘 肃	─■─ 青 海	─▲─ 宁 夏	─✱─ 新 疆
─ 吉 林	─ 黑龙江	─┼─ 山 东	─ 河 南	─ 贵 州	─┼─ 云 南

图 4 – 5 （a）　1990 ~ 2005 年各省份农地利用

技术效率和规模的变化趋势

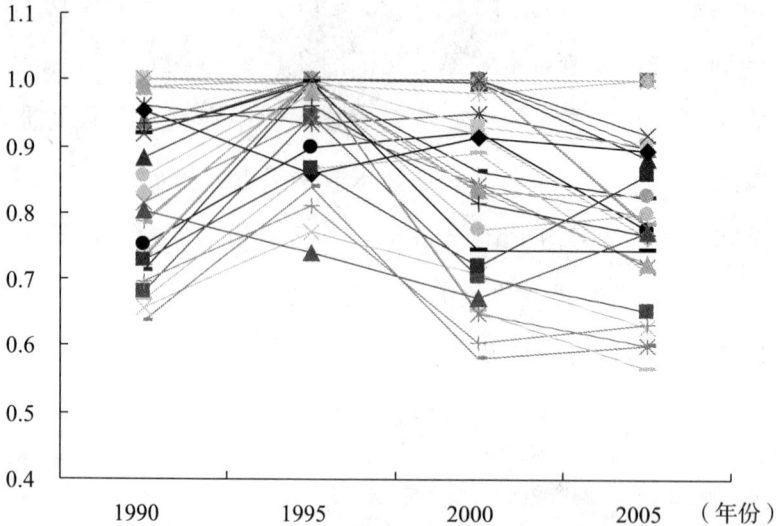

图 4 - 5 （b）　　1990 ~ 2005 年各省份农地利用
技术效率和规模的变化趋势

（3）小结。综上所述，可以得到以下结论：第一，我国省域农
地利用效率存在明显的时空差异；第二，经济最发达的地区同时也
是农地利用效率长期保持高水平的地区；第三，中西部省份农地利
用效率随时间变化波动较大。

三　基于人口普查数据对劳动力跨区转移规模的估计

准确估计劳动力跨区转移数量规模是完成本章研究任务的又一
难点。劳动力转移方面的研究一直受到数据缺乏的困扰，虽然通过
一些统计数据和地区的抽样调查，可以了解全国劳动力转移的大致
趋势，但准确刻画各省劳动力的省际和省内迁移数量仍然十分困难。
前三次人口普查（1952，1964，1982）中没有设置人口迁移方面的
问题，从1987年开始，我国进行的几次全国调查和普查都包含了人

口迁移的信息。1987 年和 1995 年 1% 人口抽样调查都包含了迁移问题，1990 年和 2000 年的人口普查也包含了迁移问题。但这些数据的统计口径有所不同，1987 年和 1995 年的统计数据中对临时迁移的定义为没有在迁移目的地取得永久户口且居住至少六个月。而 1990 年普查的口径为居住至少一年，而在 1994 年北京流动人口抽样调查中只要在北京没有户口的都算为流动人口。因此，不同的学者采用不同的数据对我国人口迁移总量的估计也就不同。除了数据问题，估计方法也是导致结果不一致的重要原因[①]。

但是与其他统计数据相比，人口普查数据在研究劳动力转移问题上仍具有显著优势。首先，普查数据较其他抽样数据的样本量大，准确性高。其次，人口普查表明大部分非永久性迁移人口都属于劳动力转移，因此，用人口普查数据可以很大程度上反映劳动力转移的情况。众多研究劳动力转移问题的文献也都利用了人口普查数据来反映劳动力流动的数量和时间趋势（Liang，2001；Liang 和 Ma，2004；朱农，2005；林毅夫等，2006；D. Gale Johnson，2003）。

D. Gale Johnson（2003）利用 1990 年和 2000 年两次人口普查数据对我国各省份省际净迁移人口数量的测算来反映 20 世纪 90 年代我国劳动力省际转移的状况。这里简单介绍一下 D. Gale Johnson 的测算方法。以 1990 年为基期，利用 1990～2000 年十年间各省份的平均人口自然增长率推算出 2000 年各省份的预测人口总数，用 2000

[①] Liang, Z. , "The Age of Migration in China," *Population and Development Review* 27（2001）：499–524，502–503 页中对人口统计数据不一致导致的临时迁移人口估计数量不同的总结，以及对一些研究中估计方法不恰当作出的评述。

年实际调查得到的人口总数减去这个预测的人口总数就得到了省际净迁移人口的总量，正值表示从外省迁入，负值表示从该省迁出①。附录 4-1 按照各省份省际迁移人口由小到大的顺序列出了最后的估算结果。1990~2000 年间，全国 14 个省份其省际迁移人口量为负值，说明这些省份是人口净输出地，其中以四川、广西、安徽和贵州四省份规模最大。在其他 16 个人口净输入省份中，广东、山东、上海和江苏是 20 世纪 90 年代吸收外来人口最多的省份。这个结果与国内相关研究中反映出来的趋势相吻合。

对附录 4-1 做图形化处理，得到图 4-6，它直观地反映了各省份 1990~2000 年间省际迁移人口的规模。如果将迁入迁出规模在 100 万以内的省份各归一类，迁出和迁入规模高于 100 万的各归一类，这样全国就划分成了四个区域。第一类地区包括广东、山东、上海、江苏、北京、浙江、新疆、福建和河北九个省份，对应图 4-6 中红色区域。它们的省际迁入规模都高于 100 万，是跨省流动的劳动力迁入的最主要目的地。十年间，广东的省外迁入劳动力规模最大，达到 1500 万人。第二类地区包括山西、天津、湖北、吉林、云南、海南、辽宁七个省份，对应图 4-6 中浅红色区域，其省际迁入规模在 100 万人口以内，青海、西藏、内蒙古、宁夏、陕西、甘肃、湖南和河南八个省份的省际迁出规模都在 100 万以内，对应图 4-6 中浅蓝色区域。与浅红色区域一起构成了省际劳动力迁移较为不活跃的地区，尤其是内蒙古、西藏、青海和辽宁，迁移规模不足 15 万人。第四类地区包括重庆、江西、黑龙江、贵州、安徽、广西和四

---

① 各省份的人口自然增长率和详细的估算过程请查阅 Johnson. D. G., "Provincial migration in China in the 1990s," *China Economic Review* 14 (2003): 23。

川，它们的省际迁出规模都高于 100 万人口，是跨省流动的劳动力迁出的主要地区，对应图 4-6 中深蓝色区域。其中四川省的迁出规模最大，十年间共有 361 万人口迁出。

D. Gale Johnson（2003）的估计反映了各省份劳动力跨地区转移数量在 20 世纪 90 年代的变动情况，为下面的计量分析提供了研究背景。但为了完成劳动力跨地区转移对农地利用效率的计量分析，还需要各省份劳动力跨地区转移的数据。另外，本研究中凡是县外流动都属于"跨区转移"①，为了更准确地刻画劳动力地区间流动的规模和类型，将县外务工的转移劳动力细分为"县外省内"和"省外"转移两类，必须分别为其寻找合适的代理变量。

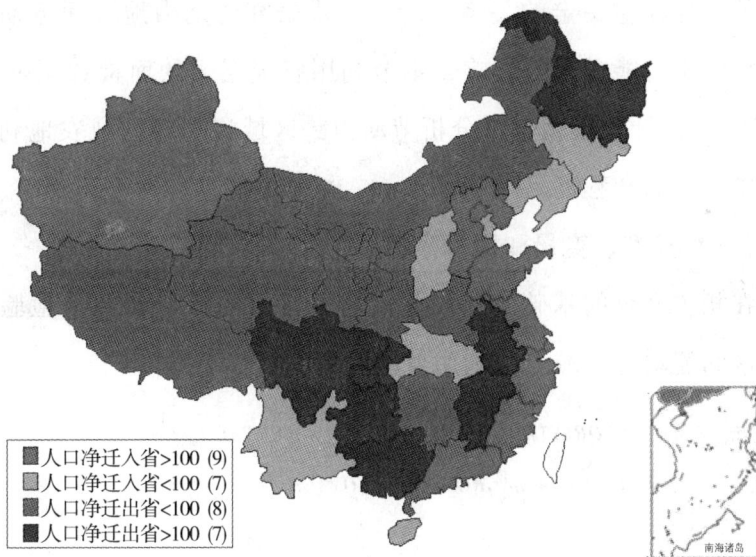

图 4-6 1990~2000 年省际人口净迁移规模

① 参见绪论第二节中对农村劳动力转移的定义与分类。

综合比较已有研究中对省际省内流动人口规模的估计，这里采用
Liang（2001），Liang 和 Ma（2004）以 1990 年和 2000 年人口普查
以及 1995 年人口抽样调查数据为基础，对各省份省内流动人口和
省际流动人口规模的测算（参见附录 4 - 2），连同本书中对农地利
用效率的测算结果，形成一套包含 1990 年、1995 年、2000 年 30
个省份的面板数据集，作为下面计量分析的基础数据。由于无法
获得 2005 年 1% 人口抽样调查数据，面板数据集中没有包含 2005
年的农地利用效率数据。

四　劳动力跨区转移与区域农地利用效率：计量分析

根据前文的分析表明，区域流动人口的分布与地区间农地利用
效率的差异存在一定的关系，为进一步研究劳动力地区间流动对区
域农地效率可能带来的影响，本节利用省级层面的面板数据（Panel
Data），采用计量模型定量分析劳动力跨区域流动对区域农地利用效
率的影响方向和程度。

（一）模型、变量和数据来源

在相关文献的基础之上，我们建立以下的计量模型来检验劳动
力地区间流动对省域农地利用效率的影响。

$$LUE_{it} = a + \alpha FLORINTER_{it} + \beta FLORINTRA_{it} + \gamma PERAGR_{it} +$$
$$\lambda PERFARM_{it} + \eta AGRGDP_{it} + \pi GOVAGR_{it} +$$
$$\delta T + u_i + \varepsilon_{it} \tag{4.1}$$

在（4.1）式中，下标 i 和 t 分别代表第 i 个省份和第 t 年，其
中，$i = 1, 2, 3, \cdots, 30, t = 1990, 1995, 2000$。$u_i$ 表示省级非观测
因素的总影响，ε_{it} 表示误差项。样本包括我国大陆地区除重庆、新

疆和西藏外的 28 个省、直辖市和自治区 1990 年、1995 年、2000 年三个年度的数据。1997 年重庆从四川省划分出去单设为直辖市，但本书仍将四川和重庆作为一个省来考虑。由于新疆独特的农业资源禀赋，其省外迁入人口规模大，且大多从事农业，劳动力转移的机制与东部地区大相径庭。受到地理条件的限制，西藏的可耕地面积较小，农业尤其是种植业生产非常落后，其历年来的第一产业产值远远低于其他省份，因此该省的农地利用状况不具有代表性。

LUE_{it} 表示第 i 个省份第 t 年的农地利用综合效率，该数据来自于本章第二节对各省份农地效率 DEA 模型的计算（见表 4 - 2）。$FLORINTER_{it}$ 和 $FLORINTRA_{it}$ 两个变量是表征劳动力区域流动的变量，前者表示第 i 个省份第 t 年的跨省流动人口数量，反映了从省外流入该省的人口数量，后者表示第 i 个省份第 t 年的省内流动人口数量，即该省跨县流动但不出省的流动人口数量，反映了本省内人口流动的情况。这两个变量的数据来自于 Liang（2001），Liang 和 Ma（2004）对 1990 年和 2000 年人口普查以及 1995 年人口抽样调查数据的分析（见附录 4 - 2）。

其他控制变量包括：$PERAGR_{it}$ 表示第 i 个省份第 t 年的第一产业增加值比重，$PERFARM_{it}$ 表示种植业产值占农业总产值的比重，这两个变量控制了农业产业结构的影响；$AGRGDP_{it}$ 表示第 i 个省份第 t 年的农村劳动人口人均第一产业增加值，用来控制地区农业经济发展水平；$GOVAGR_{it}$ 表示第 i 个省份第 t 年的单位面积上的财政支农资金，即该省财政支农资金与该省耕地面积之比，它反映了政府的农业投资规模。以上变量数据来自 2001 年、1996 年和 1991 年《中国统计年鉴》，《新中国五十五年统计资料汇编》。GDP_{it} 和 $GOVAGR_{it}$ 均变换成以 1990 年不变价格计算的金额。另外，设置 T 为时间虚拟变量，用来控制自然灾害、技术进步等因素。表 4 - 3 列出了模型中全部变量的名称、单位、定义和主要的描述统计特征。

表 4 - 3　各解释变量的描述统计

变　量	名　称	单　位	定　义	描　述	统　计
被解释变量				平均值	标准差
LUE_{it}	农地利用效率	—	各省农地利用的 DEA 综合效率	0.80	0.15
解释变量					
$FLORINTER_{it}$	跨省流动人口	千人	从省外流入省内的人口数量	670.70	1728.07
$FLORINTRA_{it}$	省内流动人口	千人	跨县流动但不出省的流动人口数量	876.70	819.91
$PERAGR_{it}$	第一产业比重	%	第一产业增加值占地区生产总值的比重	0.22	0.10
$PERFARM_{it}$	种植业比重	%	各省种植业产值占农林牧渔总产值的比重	0.58	0.09
$AGRGDP_{it}$	人均第一产业 GDP	万元	各省人均第一产业地区生产总值	2432.83	1356.30
$GOVAGR_{it}$	财政支农资金	元/千公顷	单位面积上的财政支农资金	305.32	419.93
T_1990	时间虚拟变量		1 = 1990 年　对照组 = 2000 年	—	—
T_1995	时间虚拟变量		1 = 1995 年　对照组 = 2000 年	—	—

（二）模型估计结果

本节使用两种不同的方法：固定效应（fixed effects）和随机效

应（random effects）对（4.1）式进行估计；并利用豪斯曼检验（Hausman test）判断固定效应和随机效应模型的适用性。豪斯曼检验的原假设是固定效应与随机效应模型没有差别，如果拒绝原假设则说明存在固定效应，如果不能拒绝原假设则使用随机效应模型更好。检验结果表明，随机效应模型更适合本书。因此表 4-4 中报告了随机效应估计结果。为了减少可能存在的异方差对估计结果的影响，模型估计时对跨省流动人口、省内流动人口、人均第一产业 GDP 和财政支农资金四个变量取了自然对数。

模型（1）结果显示，首先，跨省流动人口对农地利用综合效率在 10% 的水平上显著负相关。系数为 -0.037 说明跨省流动人口增加 1 个百分点，农地利用效率反而降低约 0.04 个 DEA 效率值。由于受到数据限制，本书使用流入本省的外来人口数量来代理农村劳动力跨省流动规模，而不是一省流出人口数量。因此这个结果说明，劳动力流入规模的扩大在一定程度上降低了农地利用的效率。

其次，省内流动人口规模的增加对农地利用效率的影响有显著的正向影响。系数 0.092 表明省内流动人口增加 1 个百分点，农地利用效率就增加约 0.09 个 DEA 效率值。这个结果说明，在各省份现有的省内流动人口平均规模基础上，即以各省份省内流动人口的均值 876.70 千人（见表 4-4）为参照，每增加约 9000 人到县外省内打工，农地利用效率就有可能提高 0.09，这个效应非常明显。

另外，人均第一产业 GDP 在 1% 的水平上显著，也是影响农地利用效率的重要因素。系数 0.188 表示人均第一产业 GDP 每增加

1%，地区农地利用效率将提高近0.19个DEA效率值。

表4-4 随机效应模型估计结果

被解释变量	农地利用效率			
	随机效应模型（1）		随机效应模型（2）	
解释变量	系数	标准差	系数	标准差
$LN\_FLORINTER_{it}$	-0.037^*	0.021		
$LN\_FLORINTRA_{it}$	0.092^{***}	0.020	0.075^{***}	0.018
LN_AGRGDP_{it}	0.188^{***}	0.067	0.127^{**}	0.058
LN_GOVAGR_{it}	-0.007	0.008	-0.010	0.009
$PERAGR_{it}$	-0.237	0.282	-0.340	0.278
$PERFARM_{it}$	0.073	0.201	0.006	0.200
T_1990	0.140^{***}	0.038	0.152^{***}	0.038
T_1995	0.039	0.025	0.054^{**}	0.023
常数项	-1.052^*	0.609	-0.620	0.563
R^2_within	0.393		0.376	
$R^2\_between$	0.374		0.349	
$R^2\_overall$	0.372		0.346	
F统计量	45.15		40.89	

注：*，**，***分别表示在10%，5%和1%的统计水平上显著。

模型（2）结果显示，其一，在排除了省际流动人口变量后，虽然省内流动人口的系数略有降低，但仍然在1%上显著，且与农地利用效率呈正相关。系数0.075说明省内流动人口每增加1个百分点，农地利用效率就增加0.08个DEA效率值。如果以各省份均值876.70千人为参照，在此基础上每增加约9千人到县外省内打工，农地利用效率就有可能提高0.08，这个效应仍然相当明显。其二，人均第一产业GDP仍然是影响农地利用效率的重要因素之一，但显著程度和系数都有所降低。

（三）对模型的补充

对（4.1）式的两个随机效应的估计结果并未给出劳动力跨省流出与劳动力输出省份的农地利用效率的关系。这说明劳动力省际流动规模不是理想的代理变量。检验劳动力跨省流出与农地利用效率关系最好能够从劳动力跨省迁出的角度进行研究，采用省级层面跨省流出人口为指标。但各省份相应年份的跨省迁出人口数据难以获得，因此没能获得该变量。为了弥补这一不足，这里采用附表4-1中的1990~2000年十年间各省份的净迁移人口为解释变量，代理跨省流动劳动力规模，对（4.2）式进行了OLS估计。由于样本量偏小（包括28个省份），其估计结果仅作为对上述模型的补充和参考。

$$\Delta LUE = a + \alpha\Delta FLORINTER + \beta\Delta FLORINTRA +$$
$$\gamma\Delta PERAGR + \lambda\Delta PERFARM + \eta\Delta AGRGDP +$$
$$\pi\Delta GOVAGR + \varepsilon \qquad (4.2)$$

（4.2）式中，1990~2000年农地DEA效率的变化量为被解释变量，采用省内流动人口、人均第一产业GDP、第一产业比重、种植业比重和财政支农资金在1990~2000年间相应的变化量作为其他控制变量。为了减少可能存在的异方差对估计结果的影响，对人均第一产业GDP的变化量和在财政支农资金的变化量做了对数变换。变量的主要统计特征见附录4-3，估计结果在表4-5中给出。模型估计结果显示：在剔除省内流动人口变量后，省际净迁移人口变化量在10%水平上显著，与农地利用效率变化量呈负相关。相关系数为-0.00001的含义是，省际净迁移人口规模的变化量每增加1万人可能导致农地利用效率变化量减少0.1个单位。该模型初步说明劳动力跨省流动对农地利用效率在一定程度上可能产生影响。

表 4 – 5　回归模型估计结果

被解释变量	ΔLUE　农地利用效率			
	OLS 模型（3）		OLS 模型（4）	
解释变量	系数	稳健标准差	系数	稳健标准差
$\Delta FLORINTER$	− 0.000009	0.021	− 0.00001*	0.000
$\Delta FLORINTRA$	− 0.0000101	0.020		
$\Delta PERAGR$	− 2.006***	0.067	− 1.922***	0.526
$\Delta PERFARM$	0.129	0.008	0.113	0.325
LN ___ $\Delta AGRGDP$	0.008	0.282	0.008	0.006
LN ___ $\Delta GOVAGR$	0.034	0.201	0.033	0.025
常数项	− 0.368**	0.609	− 0.362**	0.147
R^2	0.50		0.50	
F 统计量	5.18		5.23	

注：*，**，***分别表示在10%，5% 和1%的统计水平上显著。

五　小结

随机效应模型和 OLS 模型的估计结果表明：第一，劳动力省内流动促进了农地利用效率的提高。劳动力省内转移对农地利用效率的促进说明，除了鼓励农民到发达地区就业之外，更重要的是创造本省内的就业机会，鼓励农民省内非农就业。这对落后地区的发展有着重要的经济意义。如果农民在省外就业，那么流回本省的资金仅仅是作为汇款的那部分收入。而如果在本省就业，则农民打工收入完全在本省消费，所有资金都留在本省，从而有助于本省的经济发展。

第二，劳动力大量流入对流入地的农地利用效率在一定程度上有负面影响。这可能是因为流入的劳动力主要在流入地区的城市里从事非农产业，大量人口的流入引发城市扩张，导致农地非农化加剧，一些城市周边的优质农田被转为建设用地，从而一定程度上降低了农地生产效率。这种劳动力流动对农地利用的负面效应没有包括在上一节的理论分析模型中，因此，这一发现完善和拓展了上一节的理论分析框架（见附录4-4）。

第三，人均第一产业 GDP 对农地利用效率具有促进作用，其现实意义可能在于加大农村劳动力转移力度，减少农村劳动力总量。这是因为，根据统计数据，1990~2000 年十年间全国各省份第一产业 GDP 比重和人均第一产业比重年均变化率均在 4.5% 左右。也就是说，十年间拉动人均第一产业 GDP 比重提高的因素主要是"分子"第一产业 GDP，而不是"分母"农村劳动人口。因此，发挥人均第一产业 GDP 对农地利用效率的促进作用，其潜力在于减少农村劳动人口规模。

另外，劳动力跨省流动可能对农地利用效率有一定影响，但仍然需要用更合适的变量和更多准确的数据验证加以检验。这也是今后应该加强研究的方向。

附表 4-1 1990~2000 年省际净流动人口规模

省 份	1990 年实际人口（百万）（a）	1990~2000 年人口自然增长率（b）	2000 年预测人口（百万）（c）	2000 年实际人口（百万）（d）	1990~2000 年省际迁移人口（百万）（e）	1990~2000 年省际迁移率（%）（f）
四 川	78.36	0.11	86.90	83.29	-3.61	-4.60
广 西	42.25	0.12	47.37	44.89	-2.48	-5.90
安 徽	56.18	0.11	62.16	59.86	-2.30	-4.10
贵 州	32.39	0.16	37.52	35.25	-2.27	-7.00

省 份	1990 年实际人口（百万）（a）	1990～2000 年人口自然增长率（b）	2000 年预测人口（百万）（c）	2000 年实际人口（百万）（d）	1990～2000 年省际迁移人口（百万）（e）	1990～2000 年省际迁移率（%）（f）
黑龙江	35.21	0.09	38.28	36.89	-1.39	-3.90
江 西	37.71	0.13	42.55	41.40	-1.15	-3.00
重 庆	28.86	0.11	32.01	30.90	-1.11	-3.80
河 南	85.51	0.04	93.18	92.56	-0.62	-0.70
湖 南	60.66	0.07	64.91	64.40	-0.51	-0.80
甘 肃	22.37	0.15	25.82	25.62	-0.26	-1.20
陕 西	32.88	0.10	36.31	36.05	-0.26	-0.70
宁 夏	4.66	0.25	5.81	5.62	-0.19	-4.10
内蒙古	21.46	0.11	23.90	23.76	-0.14	-0.70
西 藏	2.20	0.21	2.66	2.62	-0.04	-1.80
青 海	4.46	0.17	5.21	5.18	-0.03	-0.70
辽 宁	39.46	0.07	42.31	42.38	0.07	0.20
海 南	6.56	0.16	7.62	7.89	0.25	3.80
云 南	36.97	0.14	42.15	42.88	0.73	2.00
吉 林	24.66	0.08	26.52	27.28	0.76	3.10
湖 北	53.97	0.10	59.50	60.28	0.78	1.40
天 津	8.79	0.05	9.19	10.01	0.82	9.30
山 西	28.76	0.12	32.08	32.97	0.89	3.10
河 北	61.08	0.09	66.28	67.44	1.16	1.90
福 建	30.05	0.10	33.13	34.71	1.58	5.30
新 疆	15.16	0.14	17.29	19.25	2.00	13.20
浙 江	41.45	0.07	44.18	46.77	2.59	6.20
北 京	10.82	0.03	11.18	13.82	2.64	24.40
江 苏	67.06	0.06	71.38	74.38	3.00	4.50

续附表

省　份	1990 年实际人口（百万）（a）	1990~2000 年人口自然增长率（b）	2000 年预测人口（百万）（c）	2000 年实际人口（百万）（d）	1990~2000 年省际迁移人口（百万）（e）	1990~2000 年省际迁移率（%）（f）
上　海	13.34	−0.01	13.25	16.74	3.49	26.20
山　东	84.39	0.03	86.89	90.79	3.90	4.60
广　东	62.83	0.14	71.42	86.42	15.00	23.90

注：（1）省份中包含重庆在内的四个直辖市；（2）表中（c）=（a）×[1+（b）]。

数据来源：引用 Johnson. D. G.，"Provincial migration in China in the 1990s"，*China Economic Review* 14（2003）：24，table. 1。

附表 4−2　省级层面流动人口的规模及分布（1990，1995，2000）

单位：千人

省　份	1990 年 跨省流动人口数量	1990 年 省内流动人口数量	1995 年 跨省流动人口数量	1995 年 省内流动人口数量	2000 年 跨省流动人口数量	2000 年 省内流动人口数量
北　京	383.61	133.39	694.12	645.88	2462.44	140.56
天　津	110.95	70.05	223.44	266.56	734.84	56.16
河　北	186.58	539.42	503.46	835.54	929.12	1201.88
山　西	278.92	481.08	158.22	319.78	666.76	792.24
内蒙古	161.30	449.70	274.94	657.06	547.86	1225.14
辽　宁	242.20	578.81	435.47	1165.53	1044.62	1261.38
吉　林	108.42	400.58	149.38	620.62	309.02	635.99
黑龙江	317.77	938.23	224.11	1063.89	387.50	1406.50
上　海	234.14	307.86	726.27	962.73	3134.84	1225.16
江　苏	346.60	956.40	969.12	2068.88	2538.55	2468.45
浙　江	83.03	638.97	465.28	752.72	3689.68	1736.32

续附表

省 份	1990 年		1995 年		2000 年	
	跨省流动人口数量	省内流动人口数量	跨省流动人口数量	省内流动人口数量	跨省流动人口数量	省内流动人口数量
安 徽	93.57	673.43	155.59	561.41	229.70	954.30
福 建	151.05	643.95	344.62	651.38	2143.34	1663.66
江 西	167.88	419.12	125.65	481.35	253.01	754.99
山 东	207.92	627.09	527.95	1413.05	1031.81	1655.19
河 南	184.52	733.48	269.86	760.14	476.84	1535.16
湖 北	218.56	715.44	270.71	799.29	609.01	1629.99
湖 南	66.33	670.67	214.70	998.30	348.69	1421.31
广 东	974.32	2339.68	1946.84	2143.16	15074.66	6000.39
广 西	72.81	544.19	120.25	804.75	427.58	1415.42
海 南	51.03	167.97	103.94	128.06	381.94	272.06
重 庆	N/A	N/A	N/A	N/A	N/A	480.90
四 川	118.38	1089.62	402.39	1964.61	938.96	2212.14
贵 州	168.18	288.82	152.28	411.72	408.80	845.20
云 南	198.55	342.45	206.49	629.51	1163.06	1348.94
西 藏	0.00	62.00	35.84	34.16	107.06	43.94
陕 西	104.06	379.94	163.09	530.91	425.77	615.23
甘 肃	43.43	273.57	139.49	407.52	228.01	488.99
青 海	52.05	129.95	51.32	136.68	124.12	183.88
宁 夏	42.04	55.96	48.97	69.03	191.94	175.06
新 疆	311.62	264.38	566.15	278.85	1410.91	506.09

注：(1) 1995 年数据根据 Liang. Z., "The Age of Migration in China", *Population and Development Review* 27 (2001) 中的 table. 2 "size of the migrant population and distribution of intraprovincial and interprovincial migrants by province, China, 1987 and 1995" 计算而来；(2) 1990 年和 2000 年数据根据 Liang. Z. and Ma. Z., "China's Floating Population: New Evidence from the 2000 Census", *Population and Development Review* 30 (2004) 中的 table. 2 "size of the intercounty floating population and shares of intraprovincial and interprovincial migrants by province: China, 1990 and 2000" 计算而来；(3) N/A = 数据不可得。

附表 4 - 3　补充模型的各解释变量的描述统计

变　量	单　位	描　述　统　计	
被解释变量		平均值	标准差
ΔLUE	—	0.030	0.123
解释变量			
ΔFLORINTER	千　人	842.857	3337.61
ΔFLORINTRA	千　人	721.885	723.48
ΔPERAGR	%	− 0.107	0.043
ΔPERFARM	%	− 0.058	0.059
ΔAGRGDP	万元	837.310	750.79
ΔGOVAGR	元/千公顷	252.802	420.86

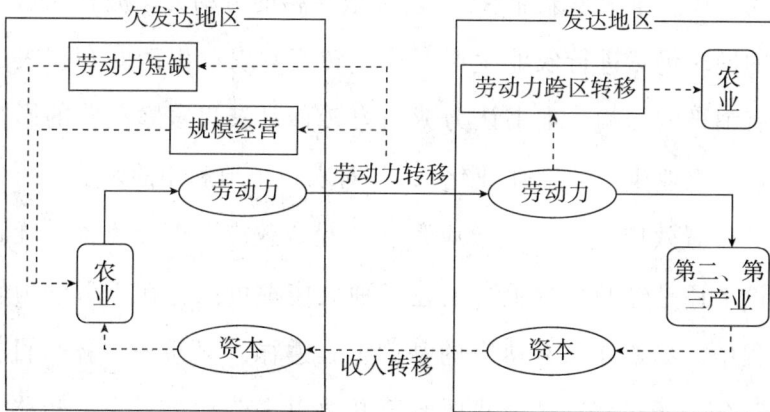

附图 4 - 1　扩展的区域生产要素流动模型

第五章
劳动力不完全转移对农户土地利用的影响

　　尽管我国已有大批农村劳动力转向了非农产业，但这种转移很不彻底，产生了大量兼业农户①。多数转移的劳动力家庭在从事非农产业的同时仍然进行农业生产，这一转变对农业生产既有积极的影响也有消极的影响。本书认为劳动力转移对农户家庭经营的影响主要表现为农业生产的"兼业化"，其对农户土地利用的影响又可以区分为"配置效应"、"兼业效应"和"投资效应"三个方面。无论是从理论上还是经验数据上，上述三种效应都可能存在于劳动力转移的过程中。本章在已有研究的基础上，遵循"环境—主体—目标—决策"的分析思路，结合我国改革开放以来劳动力不完全转移和农户兼业化概况，借鉴经典农户经济学理论分析兼业农户的行为逻辑，系统地构建了劳动力不完全转移对农户土地利用行为影响的分析框架，分析配置效应、兼业效应、投资效应发生的机制，最后，利用农户数据检验这些效应并提出相应的政策建议。

---

　　① 在本研究中劳动力的不完全转移与农户兼业化内涵一致，使用劳动力不完全转移这一概念是为了保持整个逻辑框架的统一，具体分析时用兼业化、农户家庭非农就业的特征等来描述和衡量劳动力不完全转移。

一 劳动力不完全转移下农户兼业概况

改革开放初期，由乡镇企业带动的农村劳动力转移形成了具有中国特色的"离土不离乡"、"进厂不进城"的就地转移模式。但20世纪90年代中期以来，随着农村经济的发展和农民居住条件的不断改善，以及农村土地第二轮承包期延长30年而导致的土地关系凝固化，许多农业转移劳动力已经从原来"离土不离乡"、"进厂不进城"的状态，转变为"离乡不离土"、"进城不定居"的状态。但无论是就地转移还是异地转移，都未能实现农村劳动力从农民到市民、从农业向非农产业的彻底转变，已转移的人员大多具有较强的兼业性。

根据第一次和第二次全国农业普查，1996年末农业户所占比重为90%，其中专业农户占63%，农业为主兼营非农业的农户占30%，非农业为主兼营农业的农户占7%[①]。另有资料显示，1999年我国兼业户比例为53%，其中近七成属于以农业收入为主的"Ⅰ兼户"，以经营非农产业为主、非农业收入大于农业收入的"Ⅱ兼户"约占三成[②]。农民收入构成中非农收入比重的提高和农业收入比重的下降也反映了改革开放以来农户兼业深化的趋势（见图5-1）。从1983年开始，我国农户的第一产业收入比重持续下降，由1983年的69%下降到2007年的42%，尤其是2000年以来，农业纯收入的比重已低于家庭总收入的50%。与此同时，非农

---

① 数据来源：国家统计局《第一次全国农业普查快速汇总结果的公报第2号》。
② 数据来源：《全国农村社会经济典型调查数据汇编》（1986~1999）。转引自向国成、韩绍凤《农户兼业化：基于分工视角的分析》[J]，《中国农村经济》2005年第8期。

收入大幅度上升，其中，工资性收入比重由 19% 上升到 2007 年的 39%，翻了一番，成为农民家庭收入的又一重要来源。

从国际经验来看，农户兼业化现象具有一定的普遍性，例如，德国、美国、挪威、奥地利和瑞士等国的兼业率都超过 50%，日本、韩国和我国台湾地区的兼业率甚至超过了 80%[①]。然而，兼业经营对经济的影响在不同的国家（地区）不尽相同。在美国和德国，兼业农场的土地经营规模非常大，而且占有的农业资源份额较小，因此并没有对农业经营产生明显的消极影响。但在分散的小规模农户占主导的日本，兼业户的大量存在导致了土地经营规模和生产效率长期得不到提高。20 世纪 50 年代以来在非农产业雇佣机会增大的拉动（Pull）和小型机械化、平均寿命延长的推动（Push）这两种因素的相互作用下，日本出现了大多数零散农户普遍不离开农业的所谓"二兼滞留"现象（速水佑次郎等，2003）。兼业化的出现使得日本农户土地经营规模和生产效率长期得不到提高。为改变兼业对农业经济增长与发展的阻碍，1961 年日本政府颁布了《农业基本法》，旨在扩大农户经营规模，改善农业结构。但农业收入的不稳定，农民对农地转用的预期不断上升以及农协对小规模农户的保护使得该法没能达到预期的效果，兼业化下土地经营的粗放化问题长期困扰着日本农业。日本的经验说明，在工业迅速扩张阶段以分散的小农为主体的农业国家，农户兼业对农业生产不利。

---

① 数据来源：梅建明：《工业化进程中的农户兼业经营问题研究》[M]，中国财政经济出版社，2005。

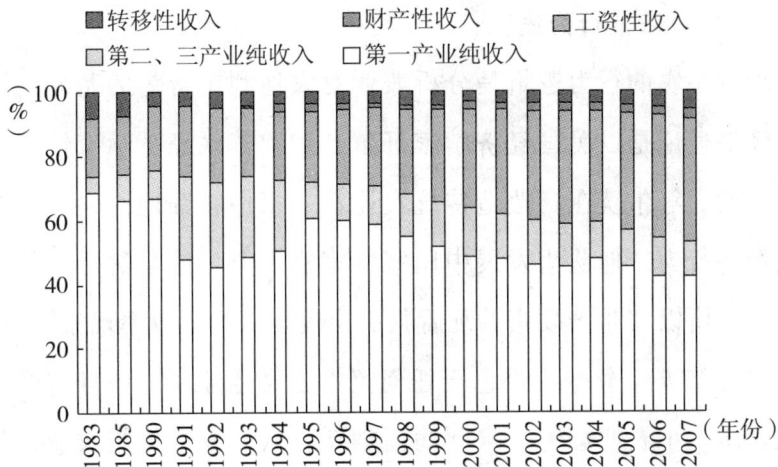

图 5－1 1983～2007 年间农户家庭收入结构变化趋势①

二 劳动力不完全转移影响农户土地利用行为的机制

小农经济、家庭农场是东亚农业的典型特征，区别于欧美国家大规模的农场经营模式。从东亚国家特别是日本农业发展的经验来看，在以分散的小农为主体的国家，劳动力转移过程中的农户兼业化现象会阻碍农业生产的规模化和专业化，最终对农业生产不利。从农户家庭劳动力资源的配置来看，以农户为单位的生产经营模式为农户家庭成员在农业和非农产业方面的分工协作提供了可能，同时，农业生产的季节性也为农业劳动力从事非农活动创造了条件，兼业同时也是一种理性的选择。全面系统地分析劳动力转移对农地利用的影响必须综合上述两个方面，将农户之间土地资源的配置（农地流转）和农户内部家庭资源配置（农地投资）的影响结合起来。

---

① 数据来源：《中国农村住户调查年鉴 2008》。

（一）小农的行为逻辑

理解小农的行为逻辑是分析兼业对农地利用行为的基础。当代小农经济理论是以美国经济学家舒尔茨和前苏联经济学家恰亚诺夫为代表的。舒尔茨在《改造传统农业》一书中精辟地论述了小农的理性经济行为，他认为发展中国家的家庭农业可能是贫乏的，但效率很高，所以"生产要素的配置很少出现显著的无效率现象"。小农作为"经济人"丝毫不逊色于任何资本主义企业家。一旦有经济利益的刺激，小农便会为追求利润而创新，从而改造传统农业，如同美国所经历的农业改革一样。因此，舒尔茨提出改造传统农业的途径，是在保存家庭式农场生产组织结构的基础上，提供给小农可以合理运用的现代"生产因素"。"农民有效率"的命题是指把利润最大化的生产动机加到农民身上。舒尔茨的假说对经济学家关于农户决策的概念产生了深远的影响。但恰亚诺夫则认为小农的行为不同于企业，主要表现在两个方面：小农依靠自身劳动力而不是雇佣劳动力；其产品主要满足家庭自身消费而非在市场上追求最大利润。所以小农的投入与产出"都是不可分割的整体，因此无法衡量其单位生产成本与收益。他对最优化的追求采取了在满足消费需要和劳动辛苦程度的平衡之间，而不是在利润和成本间"。因而，小农经济形成了一个独特的体系，遵循着自身的逻辑和原则。

为了寻找适合中国小农的行为逻辑，黄宗智对中国近现代华北和长江三角洲小农家庭经济进行了长期研究，认为中国的小农是三种面貌的综合：既是在一定程度上直接为自家消费而生产的单位，在生产上所做的抉择部分地取决于家庭的需要；同时也像一个追求利润的单位，因为在某种程度上又为市场而生产；最后，还是一个阶级社会和政权体系下的成员，其剩余产品被用来供应非农业部门的消费需要（黄宗智，1992）。这三种面貌各自反映了小农这个统一体的一个侧面，黄宗智主张研究中国的农户应该区别不同阶层的小农和不同经济结构下的小农；经营式农场主可能更符合舒尔茨的小农理论，自耕农则更符合恰亚诺夫的理论，因此，分析中国的问题应采取不同学派的可取之处。

综合以上三种对小农经济行为的分析，本书对我国现阶段小规模农户的行为目标假设依然是追求利润最大化的理性小农。在具体分析的时候，摒弃传统研究中将农户视为同质总体的方法，借鉴黄宗智的观点，将农户区分为不同的类型分别考察。关于不同农户生产行为的差异，本书认为，处于不同收入水平的农户其生产行为有很大不同；在专业务农和兼业务农的农户之间，生产行为也是不同的；甚至在兼业农户内部，由于兼业程度的不同，其生产结果也会出现差异。下面将对不同类型农户土地利用行为逻辑做进一步分析。

（二）家庭劳动力转移与农户经营形式分化

劳动力转移对农地经营行为的影响在于其改变了家庭农业生产要素的结构和农户农业经营的目标。经营目标（目标函数）和要素结构（约束条件）的改变必然引起农户对土地、劳动力、资本和技术等生产要素进行重新组合，并最终导致农户经营方式、土地经营规模和利用效率的变化。从经营方式看，受到非农就业拉动的小农，收入水平和收入来源开始分化，加之自然、经济环境的差异，以及在农业和农村经济市场化过程中所处阶段的差异，导致农户经营业态分离成专业生产和兼业生产，分别形成专业农户和兼业农户，还有一部分农户完全转移到非农产业，成了"非农户"。具体来讲，专业农户是指家庭收入完全依靠种植业，没有家庭成员参与非农就业的农户；当家庭收入完全依赖非农工作，农户放弃种植业时，就成为非农户；兼业农户是指既有家庭成员从事非农工作又兼营种植业的农户。根据兼业程度的不同，兼业农户又可以区分为Ⅰ兼户和Ⅱ兼户。农户兼业程度主要指农户非农收入占家庭总收入的比重。"Ⅰ兼户"，农业收入占农户收入比例超过 50% 的农户；"Ⅱ兼户"，非农收入占总收入 50% 以上的农户。

假定农户的家庭劳动力只在种植业和非农工作上配置，种植业以外的工作都被认为是非农工作；农户是追求家庭利润最大化的理性小农，家庭收入由种植业收入和非农收入两部分组成。当把农户按经营业态区分为专业农户、Ⅰ兼户、Ⅱ兼户和非农户时，发现不同类型的农户在种植业上对应不同的生产目标（见图 5 - 2）。

对专业农户和Ⅰ兼户而言，土地是最主要的收入来源，其土地经营的主要目标是通过出售剩余农产品获得货币收入。在利润最大化目标的驱使下，这两类农户都具有扩大土地经营规模和增加对土地投入的激励，可能表现为租入更多土地，投入更多的农药、化肥、农家肥等。对Ⅱ兼户而言，非农收入是家庭收入的主要来源，土地经营的首要目标是保证家庭的口粮供给而非提供现金收入。经营目标的这种变化促使这类农户逐渐丧失商品生产者的行为特征，土地生产利润最大化的一般假设也不再适用于他们了。由于非农就业风险的客观存在，保留一部分土地还是一种很好的就业保险和养老保险措施。土地由收入功能转向了保障功能。相比之下，这类农户更倾向于维持甚至减少土地经营面积，可能对土地进行粗放经营。非农户可以从非农工作中获得满意的收入而放弃种植业，将土地租给他人耕种，收取现金或是粮食作为租金，弥补口粮的需要。但土地可能仍然是他们的就业保险和养老保险。

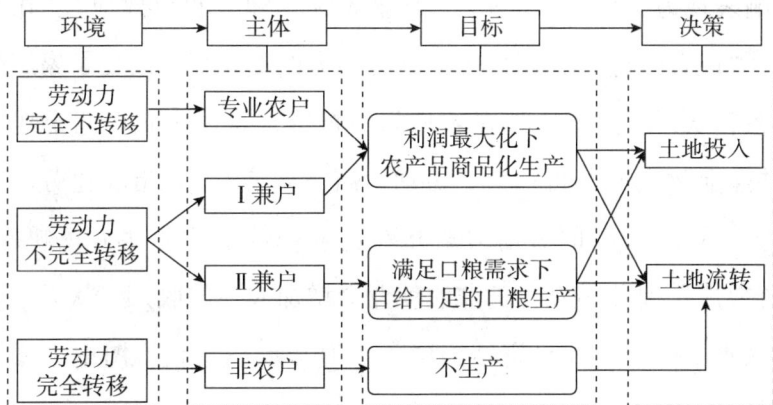

图 5-2　劳动力转移下农户土地利用行为特征分析

家庭劳动力向非农产业转移，促使农户分化为不同经营形式的主体，从专业户到兼业户再到非农户。随着劳动力转移程度的加深，农户商品化经营的目标逐渐减弱，口粮生产的目标逐渐突出，土地显性的生产功能逐渐减弱，隐藏的保障功能则越来越受到农户的重视。不同的经营目标必然产生不同的行为决策，本节已经对劳动力转移背景下的农户及其经营目标的分化进行了简要的描述，特别区分了两类兼业农户的土地经营目标。下文将在此基础上，构建一个劳动力转移背景下农户土地利用的两阶段决策模型。

（三）农户土地利用的两阶段决策模型

本节将农户的土地利用决策简化为土地流转和土地投资两个阶段（见图 5-3）。其中，农户间的土地流转行为反映了土地的配置效率，土地投资行为则反映了土地利用的技术效率。在劳动力不完全转移的背景下，农户首先决定继续经营土地（或是兼营）还是不经营，之后，继续经营农地的农户决定其在土地上的投资种类和水平。非农就业作为先期决策被看做外生的，不进入这个两阶段模型，其影响表现为"配置效应"、"兼业效应"和"投资效应"。在本研究中，"配置效应"是指由于家庭劳动力的重新配置改变了家庭的人地关系，从而促进了土地在农户间的租赁，表现为农户间土地的流转。"兼业效应"又可称为"劳动力减少效应"，是指农业劳动力特别是人力资本较高的劳动力离开农业生产带来的劳动力短缺现象。"投资效应"是指劳动力的非农就业会增加农户的收入，从而带动农业投入水平的变化和投资结构中资本对劳动的替代。图中虚线箭头表示的关系是本章重点研究的内容。

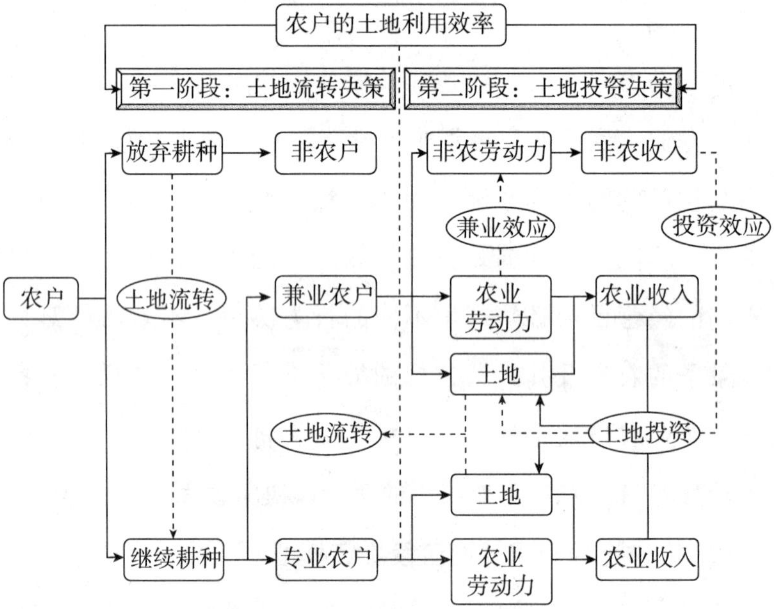

图 5-3 农户土地利用两阶段决策模型示意图

在第一阶段（见图 5-3 左侧），选择放弃种植业的农户成为非农户将会租出土地。继续耕种土地的农户又可以分为两种情况：兼业经营和专业经营，分别对应兼业农户和专业农户。除了从非农户得到更多土地，在兼业农户与专业农户之间也存在土地流转现象。土地在三种农户间的流转体现了配置效应。第一阶段决策中，土地从非农户向兼业农户和专业农户流动是显而易见的。但专业农户与兼业农户之间土地流转的方向可能是相互的。结合上一节中对农户经营目标的分析，Ⅱ兼户的生产目标是保证家庭口粮供应，因此有可能缩小土地经营面积，租出部分土地；而Ⅰ兼户和专业农户更有可能租入土地，扩大商品化经营规模。其中，Ⅰ兼户由于具有更多的资金，可能租入更多土地，如果把租入土地也作为一种投资行为（见图5-3右侧的虚线表示的过程），则此处也体现了"投资效应"。对兼业户来说，部分劳动力配置到非农产业可能产生农业劳动力不足问题（兼业效应），因而租出土地；但也有可能因为非农收入增加了投资能力而租入更多土地（投资效应）。

决定了土地经营规模之后，继续经营土地的农户进入第二阶段土地投资决策（图5-3右侧）。农户是非同质的，因此，非农就业对原始资源禀赋不同的家庭产生的影响也不同。对于家庭人口少的兼业农户，家庭成员非农就业减少了该农户的农业劳动力可获性，可能产生农业劳动力供给不足，但对于人口较多的农户也可能是减少了家庭农业劳动力的剩余，对农业生产没有产生负面效应。实证当中，兼业效应（劳动力减少效应）可以通过农户对雇佣劳力的投资水平进行检验，如果存在该效应则随着非农收入的增加，农户雇佣机械和劳动力方面的投资可能也相应增加。另一方面非农收入可能增加了农业投资能力，但农户也有可能将资金用于消费，或者农业生产以外的投资，如做生意等。结合上一节的分析，Ⅰ兼户和

Ⅱ兼户经营土地的目标存在差异：以种植业为主的Ⅰ兼户对土地投资的积极性较高，更有可能将非农收入投入到种植业；而Ⅱ兼户出于口粮需要进行生产，没有进一步投资的动力。

需要说明的是，这个两阶段决策模型的假设前提是农户参与劳动力非农就业市场与土地市场的决策是可分的，且参与劳动力市场的决策先于参与土地流转决策。虽然在一些研究中，农户参与劳动力市场与土地市场被认为是同时决策的，并在实证中通常采用将两个市场做成联立方程模型进行检验，或是引入工具变量的方法来克服内生性问题。但本书认为，首先，由于非农工作的不稳定，土地往往充当就业保险，除非农民确信非农工作足够稳定，取得的非农收入足够高才会放弃土地，因此，劳动力转移在本书中被认为是先期决定的。我国农村劳动力大规模转移，而农地流转市场却长期发育缓慢的事实说明，农户非农就业决策优先于土地流转决策的假设是合理的。其次，本书样本地区的问卷调查表明，当地农户租入租出决策的周期通常是一年，即使有口头协议商定了土地租出的年限，农民也可以在一个耕作周期结束时提出更改。土地流转的决策具有不稳定性。同耕作周期相比，非农就业往往是较为长期的，尤其是异地非农就业，因此其决策具有稳定性，可以假定它不存在决策周期。也就是说，如果采用一年的截面数据，就可以认为在这一年内非农就业是先期决定的，而土地流转决策则是当年决策的。本书采用的即为截面数据，调查搜集了样本农户非农就业情况和发生在2005 年当年的租入租出行为，适用于以上假定。

（四）理论假说提炼

上述理论分析指出，家庭劳动力向非农转移对农户家庭土地利用目标和决策的影响主要体现在农户的土地流转和土地投资行为上，劳动力转移对农户土地利用的影响机制表现为三种效应，即"配置效应"、"兼业效应"和"投资效应"。因此，实证部分的主要任务就是检验这三种效应的存在及其大小。

归纳上一节对农户两阶段决策模型的分析，具体提出以下三个假说。

（1）家庭劳动力向非农转移能够促进土地在农户间流转，即存在配置效应。

（2）非农就业水平高的农户在雇佣机械和劳动力方面的投资可能增加，存在用资金替代劳动的倾向，即存在投资效应。

（3）资金对劳动的替代作用可能导致兼业效应减弱。

三　劳动力不完全转移对土地流转的影响：实证检验

本书的数据来自 2006 年初对江西省①东北部地区三个村庄（板桥、上祝和港沿）的随机抽样调查，共采访了 316 户农民，搜集了他们在 2005 年的家庭人口、土地种植结构、农业生产投入、非农就业、家庭消费和风险态度方面的信息。该调研得到国家自然科学基金"区域要素市场发育与农业自然资源可持续利用管理研究"（编号：70403007）的资助。下面将运用这三个村庄的截面数据对上述理论部分的假说进行实证检验。

（一）基本模型识别与变量选择

已有的研究表明，农户的土地流转行为受非农就业、户主的年

---

① 江西省是我国的水稻主产区之一，2002 年该省的农业 GDP 比例为 21.9%，比全国平均水平高出 6.5 个百分点（《中国统计年鉴》，2003）；同时江西省是向沿海地区转移劳动力最多的省份之一。2000 年约 1000 万农民迁出（第五次全国人口普查，2001）。

龄和教育程度、人均土地面积、土地质量、村庄的位置等多方面因素的影响（Feng，2006；Yao，2000；Vranken and Swinnen，2006）。本书将影响农户土地流转行为的因素分为非农就业、家庭特征和村庄三个方面，采用下面的模型来描述农户土地流转的决策行为：

$$T = \alpha + \beta F' + \gamma H' + \lambda V' + \varepsilon \tag{5.1}$$

$$Q = \alpha + \beta F' + \gamma H' + \lambda V' + \varepsilon \tag{5.2}$$

其中，T 是一个 $0 \sim 1$ 变量，表示农户是否参与土地流转（租入/租出），$T = 0$ 代表不参与，$T = 1$ 代表参与；Q 表示农户租入或租出土地的数量；α 是常数项；F' 是定义农户非农就业的一组变量；H' 和 V' 分别是农户家庭和村庄控制变量；β，γ 和 λ 是待估计的参数；ε 是一个随机扰动项，它的平均值为 0，且独立于自变量。

（1）非农就业变量。目前非农就业与土地流转的研究中，多采用家庭非农就业人口比重、户主非农就业经验等变量代理家庭劳动力在非农产业的配置情况，不能够全面地反映劳动力减少和收入增加两种效应对农户土地流转决策的影响。本书不仅关注非农收入绝对水平对农地流转的影响，也关心家庭收入结构，尤其是非农收入占家庭总收入比重对农地流转的影响，因此，引入非农收入和农户兼业类型两个变量。前者用来反映非农就业的"投资效应"，而农户兼业类型，则用来捕捉非农劳动力的"兼业效应"（劳动力减少效应）对土地流转的可能影响。兼业类型这个变量是以非农收入占家庭总收入比重度量的，非农收入小于 50% 的为 I 兼户，非农收入大于 50% 的为 II 兼户，非农收入达到 100% 的定义为非农户，因此，该变量同时反映了非农收入比重对农地流转的影响。没有采用连续变量是为了克服非农收入绝对值和非农收入比重之间的共线性。

（2）农户家庭特征变量。相关研究中一般用家庭劳动力数量、家庭劳动力受教育年限和土地面积（Kimura 等，2006）、家庭成年男女比例、成年劳动力平均年龄、成年劳动力平均受教育水平、劳均土地面积（Feng，2006）、劳动力平均年龄和受教育年限与村庄平均数的绝对值、劳均土地面积、地块数量（姚洋，1999）来表征农户生产力水平和土地资源禀赋。借鉴已有研究，本书采用劳动力数量、农业劳动力数量与承包土地面积来代理农户的人地关系，用户主年龄和受教育年限来代理农户家庭人力资本特征。农业生产活动决策的主要执行者是家庭户主，户主的教育程度（用户主受教育年限来表示）反映了不同人力资本对决策的影响，因此可能对土地流转决策起着重要作用。

另外，模型还引入了农户主观风险指数变量，用来表示农户对风险的态度。本书通过调查农户对以下五个观点的评价[①]，综合计算后得到该变量。与其他研究不同的是，本书的风险态度中引入了农户对土地调整的态度，"由于土地调整，我感觉土地所有权不是很稳定，这影响了我对土地的投入"，反映了农户对土地产权稳定与土地经营关系的主观认识，使得这个变量更接近于农户真实的风险态度。

[①] 这五个观点分别是：我从来不会在村里第一个种植一个新品种，因为这样做的风险太大了；如果我发现一个项目很赚钱，即使有赔本的可能，我也会借钱进行投资；我们这里属于不发达地区，如果不冒风险，不可能富裕起来；如果有闲钱，我喜欢买彩票，运气好的话可能会赚很多钱；由于土地调整，我感觉土地所有权不是很稳定，这影响了我对土地的投入。调查中农户对这些观点从 1 到 10 进行评分，1 表示完全不同意，10 表示完全赞同。上述五个观点的风险态度方向不同，首尾两个观点评分越高则农户越倾向于规避风险，其他三个观点的评分方向则相反。因此，本书对首尾两个观点的评分进行了处理，使其与其他三个观点风险态度的方向一致，从而获得一致的风险系数。

经过计算后得到的农户主观风险指数范围在 1～11 之间，值越大越偏好风险，参与土地流转的可能性越高。因此，预期该变量对农户参与土地流转具有正向影响。另外，家庭应对风险的能力与财产有关，本书还引入了存款指数来反映农户应对风险的客观能力。存款指数范围在 1～6，1 代表无存款，6 代表存款数额在 5 万元以上，从 1 到 6 数值越大代表存款越多。

（3）村庄控制变量和其他。村虚拟变量主要用来反映某些难以观察的村庄系统差异，如地形、地理位置等。此外，一些研究将农地难以流转、农地市场难以发育等问题归因于不稳定的土地使用权等制度因素。制度是影响土地流转的重要变量。但也有一些调查和实证研究表明，我国农村现有的土地承包经营制度并不构成土地市场发展的障碍（姚洋，1999；张照新，2002；徐旭等，2002；Kung，2002）。本书没有单独引入反映产权制度的变量，因为首先，本书中对样本区采用的数据是 2005 年的截面数据，而且样本地区地理范围不大，在同一时期内土地产权制度在调查区域范围内差异很小，可以看成是外生给定的；其次，产权稳定性对农户决策的影响已经在农户的风险指数中得到反映，因此，在我们的实证模型中不需要另外引入产权变量。

（二）主要变量的统计分析

在本书的 316 个样本中，兼业现象非常普遍，Ⅰ兼户占 34%，Ⅱ兼户占 57%，其余 9% 为非农户，单一依靠种植业为生的纯农户为 0〔见图 5-4（a）〕。土地流转现象也较为活跃，近一半的农户参与了土地流转，其中 35% 的农户租入了土地，13% 的农户租出了土地〔见图 5-4（b）〕。

表 5-1 土地流转模型中变量的名称及定义

变量名称	单位	定义	均值	标准差
因变量				
是否租出土地	0/1	0=不租出土地，1=租出土地	0.1	0.3
是否租入土地	0/1	0=不租入土地，1=租入土地	0.4	0.5
租入土地面积	亩	租入土地面积	2.4	10.0
自变量				
非农就业变量				
非农收入	千元	样本农户非农务工收入，不包括政府补贴和财产性收入	11.9	20.2
I兼户（对照组=非农户）	0/1	1=I兼户（非农收入<50%），0=其他		
II兼户（对照组=非农户）	0/1	1=II兼户（非农收入≥50%），0=其他		
农户特征变量				
劳动力数量	人	14~60岁之间具有劳动能力的家庭成员数量	0.8	0.63
农业劳动力	人	14~60岁之间从事种植业的家庭成员数量	1.6	0.9
承包土地面积	亩	承包土地面积，不包括租入的土地	6.2	3.7
年龄	岁	户主的年龄	50	9.6
教育	年	户主的受教育年数	5.5	2.9
主观风险指数	1~11	1=风险厌恶，11=风险偏好，从1到11风险偏好程度递增	6.1	1.8
家庭存款指数	1~6	1=0，2=0~0.5，3=0.5~1，4=1~2，5=2~5，6=5万元以上	2.4	1.4
村庄控制变量（对照组=港沿村）				
板桥村虚拟变量	0/1	1=板桥村，0=其他		
上祝村虚拟变量	0/1	1=上祝村，0=其他		

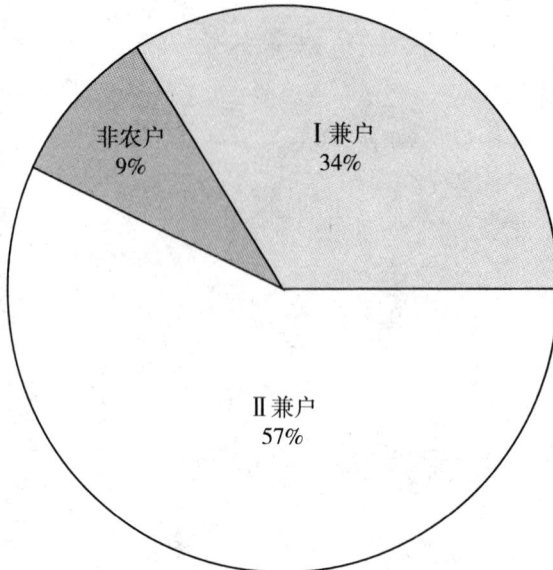

(a)

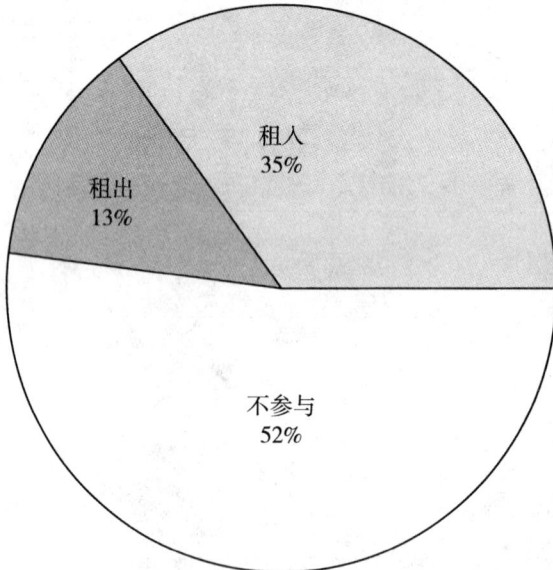

(b)

图 5 - 4　样本农户兼业和参与土地流转状况

从描述统计的结果来看（见表5-2），有相当一部分Ⅰ兼户和Ⅱ兼户参与了土地租入和租出，所有的非农户都参加了土地流转。租出土地的农户其非农收入和非农收入比重均高于不参与土地流转的农户，而租入土地的农户其非农收入水平和比例则最低。租出土地的农户其非农收入达到了1.8万元，是租入土地农户非农收入0.57万元的3倍。从家庭劳动力的配置状况来看，在原有家庭劳动力数量相近的情形下，租出土地的农户其平均农业劳动力投入不足一人，显著低于其他两类农户的农业劳动力投入。这初步说明，非农收入水平、农户兼业类型与土地的租入和租出行为具有一定的相关性。

表5-2　农户与土地流转行为与家庭特征统计表

	租　出	租　入	不参与
样本农户数量	42	113	166
Ⅰ兼户（％）	3	48	51
Ⅱ兼户（％）	6	34	62
非农户（％）	93	3	0
非农收入（千元）	18.0	5.7	7.7
劳动力数量	3.8	3.6	3.9
农业劳动力数量	0.5	1.9	1.7
承包土地面积	6.1	6.7	5.9
现有土地面积	0.8	13.3	5.9
户主年龄	48	48	52
户主教育	6.2	5.7	5.2
主观风险指数	6.0	6.2	6.1
家庭存款指数	2.3	2.5	3.0

　　注：（1）样本中有5个农户既租入了土地也租出了土地，因此表中租入、租出和不参与的样本总和为321，而非316，其相应的比例加总后也大于100％。（2）现有土地面积没有作为自变量引入计量模型，此处列出来是为了与承包土地面积作对比。

比较承包土地面积和现有土地面积发现，租入土地的农户显著地扩大了种植规模，户均现有土地面积达到 13.3 亩，比原有承包地面积增加了一倍，租出土地的农户户均现有土地面积不足 1 亩，经营规模显著降低。根据问卷的统计信息，租出土地的农户中约有 2/3 是将全部承包土地出租，也就是说完全放弃了种植业。余下的 1/3 农户在租出土地的同时保留了一部分土地，主要用于供应自家口粮。

农户户主年龄、受教育水平、农户的主观风险偏好等变量存在一定的组间差异。参与土地租赁的农户其户主平均年龄为 48 岁，而不参与土地市场的户主年龄为 52 岁。租出土地的农户其户主受教育的水平较高，达到了 6.2 年；租入土地的农户户主受教育年限比租出土地的平均少半年，为 5.7 年，不参与土地租赁的农户，受教育年限为 5.2 年，比租出土地的少一年。主观风险指数表明租入土地的农户风险偏好最强，不参与土地租赁的农户居中，而租出土地的农户风险偏好最弱。家庭存款指数反映了各类农户客观上应对风险的能力，不参与土地租赁的农户存款最多，租入土地的农户次之，租出土地的农户存款反而最少。

（三）模型估计结果与分析

本节采用 Probit 模型和 Tobit 模型对农户租出和租入土地的行为分别进行估计。Probit 模型反映农户租入或租出土地的概率，Tobit 模型反映农户在已经决定租入或租出土地的情况下，租入或租出土地的数量水平。

（1）非农就业对农户土地租入行为的影响。本节利用 Probit 模型和 Tobit 模型对（5.1）式和（5.2）式进行了估计。其中，T 代表农户是否租入土地，Q 代表农户租入土地的面积。表 5－3 给出的估计结果显示，影响农户是否租入土地的因素与租入面积的因素并不完全一致，但其中非农收入和农户类型变量都非常显著。

Probit 模型的估计结果表明，代表非农就业的一组变量中，非农收入对农户是否租入土地的决策在 1% 上显著正相关，边际效应 0.10 表示在所有自变量均值处，非农收入增加 1%，农户租入土地的可能性增加 10%。Ⅰ兼户和Ⅱ兼户租入土地的可能性显著高于非农户，进一步对比Ⅰ兼户和Ⅱ兼户的系数及其显著程度发现，Ⅰ兼户租入土地的可能性高于Ⅱ兼户，Ⅱ兼户高于非农户，也就是说，Ⅰ兼户是土地租赁市场的主要需求者。此外，农业劳动力数量多的农户更可能租入土地，农户家庭每增加一个农业劳动力，租入土地的可能性增加 15%。承包土地面积并不构成租入土地的约束。农业劳动力影响显著而承包土地面积的影响不显著，反映了样本地区人多地少的现状，农户承包的土地面积可能很大程度上低于其实际经营能力，劳动力仍然过剩，同时样本地区劳动力非农就业还不够发达。

表 5-3 非农就业对农户土地租入行为影响的估计结果

因变量	模型Ⅰ Probit 估计				模型Ⅱ Tobit 估计			
	是否租入土地（0/1）				租入土地的面积（亩）			
自变量	系数	标准差	P 值	边际效应	系数	标准差	P 值	边际效应
非农收入	0.28	(0.10)	0.00	*** 0.10	4.29	(1.60)	0.00	*** 1.37
Ⅰ兼户	1.79	(0.62)	0.00	*** 0.62	24.14	(7.55)	0.00	*** 7.80
Ⅱ兼户	0.98	(0.53)	0.06	* 0.33	9.63	(6.99)	0.17	2.15
农业劳动力	0.41	(0.12)	0.00	*** 0.15	2.83	(2.11)	0.18	1.43
承包土地面积	0.01	(0.02)	0.60	0.004	-1.75	(0.48)	0.00	*** -0.39
年龄	0.20	(0.10)	0.05	** 0.07	3.57	(1.52)	0.02	** 0.97

续表

因变量	模型 I　Probit 估计				模型 II　Tobit 估计				
	是否租入土地（0/1）				租入土地的面积（亩）				
自变量	系数	标准差	P 值	边际效应	系数	标准差	P 值		边际效应
年龄的平方	− 0.002	(0.001)	0.02	* *　− 0.001	− 0.04	(0.02)	0.01	* * *	− 0.01
教育	− 0.03	(0.03)	0.41	− 0.01	− 0.19	(0.55)	0.73		− 0.04
主观风险指数	− 0.002	(0.05)	0.97	− 0.001	− 0.61	(0.82)	0.46		− 0.12
家庭存款指数	0.12	(0.05)	0.02	* *　0.044	1.63	(1.03)	0.11		0.65
板桥虚拟变量	− 0.26	(0.24)	0.28	− 0.09	3.03	(4.24)	0.48		− 1.75
上祝虚拟变量	0.08	(0.19)	0.69	0.03	− 3.77	(3.48)	0.28		− 0.68
常数项	− 8.91	(2.67)	0.00	* * *　—	− 132.40	(42.84)	0.00	* * *	− 39.76
样本数量 =316	Wald chi2（12）= 58.06　Log likelihood = − 165.78　Pseudo R2 = 0.20				203 censored　LR chi2（12）= 95.28　Log likelihood = − 452.69　Pseudo R2 = 0.10				

注：（1）括号中报告的是稳健标准差，* ，* * ，* * * 分别表示在 10%，5% 和 1% 的统计显著水平。（2）非农收入采用的是对数形式。（3）该模型计算过程中引入了年龄的平方和教育的平方，用来捕捉可能存在的周期效应。由于教育的平方变量在结果中不显著，为了避免多重共线性，将其略去未在文中列出带有教育的平方项的计量结果。

农户租入土地行为还受到户主年龄的影响。随着年龄的增长，农户租入土地的可能性先增大后减小，呈倒 U 型。样本中户主年龄最大的为 76 岁，最小的为 30 岁，均值为 50 岁。户主较为年轻的农户更倾向于从事非农工作，而年龄过大的户主劳动能力不足，只有处于中等年龄段的户主一方面逐渐丧失从事非农工作的年龄优势，但仍有足够的劳动能力，较为可能租入土地从事种植业。户主受教育程度并没有对土地租入产生影响。这可能是因为样本中大多数人都受过小学和初中教育，约60%上过小学，约30%上过初中，个体间的差异不显著。另外，正规学校教育年限只是衡量一个农户的人力资本的潜能。这些教育并不能自动转化为人力资本，因为所受教育不能给人们提供任何一项工作所需要的特定技术，而是向人们提供一种获取技能的能力。拥有较高教育水平的农户在农业生产上并不一定效率更高，因为他可能把他的学识用于非农生产上。

农户主观风险指数对农户租入土地的影响不显著，这也印证了样本地区土地产权状况并没有影响土地租入行为。在变量选择时没有引入单独的产权稳定性变量是合适的。家庭存款指数在5%上显著，存款越多的农户租入土地的可能性越高。在所有自变量的均值处，家庭存款指数每增加一个级别，农户租入土地的可能性增加4%。村庄虚拟变量统计上不显著，对农户是否租入土地的决策没有影响。

Tobit模型对影响农户租入土地的数量水平做了估计。结果显示，影响农户租入土地面积的因素主要包括非农收入、农户类型、农业劳动力数量、承包土地面积、户主年龄、家庭存款和村庄虚拟变量。非农收入增长1%，租入土地面积增加1.4亩。Ⅰ兼户比对照组（非农户）租入土地面积平均多出7.8亩。农业劳动力每增加一人，农户就会多租入1.4亩土地。承包土地面积增加1亩，租入土地面积减少0.4亩。随户主年龄的增加农户租入土地面积增加，但年龄进一步增加则租入土地面积显著减少。家庭存款指数每升高一个级别，农户租入土地的面积增加0.7亩。板桥村农户租入土地的平均面积比其他村庄的农户少 1.8 亩。

对比 Probit 模型和 Tobit 模型的结果发现，影响农户是否租入土地和租入多少土地的因素并不完全相同。Ⅱ兼户变量、农业劳动力数量和家庭存款指数对农户租入土地的决策有显著影响，但对租入土地的数量没有影响。原有承包土地面积在决定是否租入土地时并不重要，但对租入面积的多少有显著影响。而非农收入和Ⅰ兼户变量对两个决策过程均有显著影响。

（2）非农就业对农户土地租出行为的影响。本节利用 Probit 模型对（5.1）式进行了估计，其中 T 代表农户是否租出土地。通过对问卷的统计分析发现，样本中超过 2/3 选择租出土地的农户将全部土地出租，此时租出土地的面积还取决于家庭土地资源禀赋，模型难以分离家庭土地资源禀赋的影响，故未对非农就业对农户出租土地的面积进行估计。表 5-4 列出了 Probit 模型的估计结果。

从模型的结果来看，非农收入、农户类型对土地租出的影响最为显著，显著程度达到了 1%，户主年龄和受教育程度也有一定的影响，在 10% 的水平下显著，其他变量（家庭劳动力多少、土地资源禀赋的约束、主观风险指数、家庭存款指数和村庄虚拟变量）则对农户的租出行为没有明显影响。非农收入变量的符号为正，边际效应 0.05 说明在所有自变量的均值处，非农收入平均值每增加 1%，农户租出土地的可能性将会提高 5%。这初步验证了非农就业的土地再配置效应假说。Ⅰ兼户和Ⅱ兼户虚拟变量符号为负数，说明这两类农户租出土地的可能性显著低于非农户，土地租赁市场的主要供给者是非农户。另外，年龄和受教育程度在 10% 的水平上与租出土地的决策正相关，说明年龄较大、受教育程度较高的农户倾向于租出土地。

表 5 - 4　非农就业对农户土地租出决策影响的 Probit 模型估计结果

变量	是否租出土地（0/1）				
	系数	标准差	P 值		边际效应
非农收入	0.38	(0.13)	0.01	* * *	0.05
Ⅰ兼户	- 3.61	(0.44)	0.00	* * *	- 0.41
Ⅱ兼户	- 3.72	(0.40)	0.00	* * *	- 0.73
劳动力数量	0.02	(0.10)	0.81		0.003
承包土地面积	0.02	(0.03)	0.47		0.003
年龄	0.02	(0.01)	0.08	*	0.003
教育	0.07	(0.04)	0.08	*	0.01
主观风险指数	- 0.02	(0.07)	0.77		- 0.00
家庭存款指数	- 0.06	(0.07)	0.40		- 0.01
板桥虚拟变量	- 0.16	(0.44)	0.71		- 0.02
上祝虚拟变量	0.26	(0.29)	0.38		0.04
常数项	- 3.03	(1.46)	0.04	* *	—
样本数量 =316	Wald chi2 (11) = 160.90 Log likelihood = - 56.49 Pseudo R² = 0.54				

注：（1）括号中报告的是稳健标准差，＊，＊＊，＊＊＊分别表示在10%，5%和1%的水平上显著。（2）非农收入采用了对数形式。（3）在 Probit 模型计算过程中，试图通过引入户主年龄平方和户主受教育年限平方两个变量来捕捉可能存在的周期效应，但结果显示年龄和受教育程度的平方项并不显著，说明户主的年龄和教育年限对农户土地租出面积没有明显的周期性影响，因此，未将引入年龄和教育的平方项的模型结果在此列出。

（3）小结。农户土地租入和租出行为的实证结果表明，非农收入对租入和租出土地均有促进作用。非农收入增加，农户租出土地的积极性提高，这个结论部分地验证了非农就业促进土地流转，提高土地配置效率的假说。但非农收入对租入行为的促进作用，表面上似乎与本书理论预期的方向相反。但前文分析了农户的非同质性，非农就业对资源禀赋不同的农户会产生不同的影响。家庭劳动力过剩的情况下，非农就业不会影响到农户的农业劳动力供给。因此，土地租出决策模型的结果其实是反映了样本地区农户的劳动力相对于其土地面积严重过剩的状况，尽管一部分劳动力从土地上转移出去，但仍然有一部分家庭劳动力是过剩的，因而需要更多的土地耕种。非农就业不但没有带来农业劳动力的短缺，反而非农收入使一些农户有资金去租入更多土地。如果把租入土地也看成一种特殊的土地投资，那么，该模型结果事实上检验了投资效应的存在，并且否定了样本地区农地流转中兼业效应的存在。

四 劳动力不完全转移对土地投资的影响：实证检验

经验观察中通常发现，家庭收入水平高的农户会更多地使用农业机械和化肥等资金密集、劳动节约的要素，低收入水平的农户则更多地依赖自有劳动的投入。理论上对此的解释是，劳动力转移带来的非农收入增长使部分农户突破了可能的资金约束对土地投资的限制；同时非农就业机会的增加改变了农业劳动力的影子价格，总体上讲，劳动力变得相对稀缺而资金相对丰富，最终反映为农户土地投入水平和投入结构的差异。与此同时，也存在一些相反的经验事实，即某些非农就业的农户继续从事农业生产，但由于农业生产相对于非农就业对家庭收入的贡献比较小且劳动时间有限，部分农户也可能粗放经营土地，降低要素投入水平。那么，到底劳动力的转移对土地上的投入会产生怎样的影响，劳动力转移究竟是促进还是阻碍了土地投入水平的提高？本节利用实证调查的数据，检验了劳动力转移对化肥、雇佣劳动力、自家劳动力以及农家肥几项主要投入①的影响。

(一) 基本模型识别

农户的土地投资行为可以理解为在各种社会经济信号的影响下，作为行为主体的农民所表现出来的农业生产性投资反应，可能有诸多因素影响这种行为，例如，家庭收入情况、农户的非农就业情况、土地规模、农村基础设施、农地产权制度等，故基本模型设定如下：

$$I_{ij} = \alpha + \beta M'_i + \gamma X'_i + \varepsilon_i \tag{5.3}$$

(5.3) 式中 I_{ij} 表示第 i 个农户进行第 j 种投资，分别包括化肥、雇佣劳动力、自家劳动力以及农家肥的投入水平；M'_i 为一组代表非农就业的变量，表示第 i 个农户的非农就业状况；X'_i 为其他控制变量；ε_i 为模型残差。

估计模型的具体形式则根据投入特征的不同而有所差异。在检验化肥和自家劳动力投资时，由于所有农户都进行了这两项投资，所以分析农户非农就业对化肥和自家劳动力投资的数量水平更有意义，因此采用了标准的最小二乘法估计 (5.3) 式。

对农家肥、雇佣劳动力和机械的投资进行检验时，由于部分农

---

① 在本书的分析中，农家肥是指农户自制的牲畜粪便、草木灰和积肥。事实上，土地投资还包括种子、农药、修建梯田和灌溉设施等。在调查中我们发现，相当一部分农户在水稻和经济作物的种植中，选择自己留种而不是购买种子，或是购买少量种子混合自留种子进行种植。这造成了数据搜集的困难，无法将种子方面的投资统一到货币单位。又考虑到种子方面的投入占总投入的比例非常小，因此没有对种子投资进行检验。在农药投入方面，农户的选择性较小，主要受病虫害的影响，受农户收入和劳动力资源禀赋的影响非常小，因此没有对农药投资进行检验。梯田和灌溉设施这类投资不需要每年都进行而且通常是农户的集体行动，调查中只有个别样本农户在 2005 年进行了该类别投资，故没有进入本书的模型。

户没有进行这两类投资，形成截断数据（truncated data），在这种情况下，解释非农就业对农户是否选择该项投资的影响十分重要。Tobit 模型和 Probit 模型是估计这类数据时被广泛采用的方法。Probit 模型的估计系数可以反映农户选择某种投资的概率，Tobit 模型的系数既可以反映农户选择某种投资的概率，也能够反映已经选择某种投资的农户投资数量水平上的差异，[①] 对雇佣劳动力和机械投入的估计就采用了 Tobit 模型。对于农家肥，由于其种类和数量单位难以统一[②]，不能得到农家肥施用数量的准确数据，因此采用 Probit 模型仅对是否投入农家肥进行估计。

为便于估计结果的解释和减少可能存在的异方差对模型准确性的影响，本书对上述模型中以货币计量的变量（化肥投入、雇佣劳力和机械投入、亩均净产值）均采用对数形式。

（二）变量选择与定义

本书将影响土地投资的因素分为五类，从中选取若干解释变量，表 5–5 汇总了解释变量的名称、单位、定义和主要的描述统计信息。

（1）非农就业变量。实证模型中使用农户非农收入、兼业类型两个变量来表征家庭内部劳动力非农就业的状况。部分家庭成员从事非农就业，一方面减少了家庭可用的农业劳动力，另一方面增加了家庭的非农收入。这两方面的效应都可能对土地投资决策产生影响。目前非农就业与土地投资的研究中，多采用家庭非农就业人口

---

① 通过计算调整因子将系数分解成两部分（McDonald and Moffitt, 1980），可以得到上述两种偏效应。

② 从统计数据来看，样本农户投入农家肥的种类主要包括草木灰和以人畜粪便为原料的自制积肥，数量单位包括担、袋、车、吨。

比重、户主非农就业经验等变量代理家庭劳动力在非农产业的配置情况，不能够全面地反映劳动力减少和收入增加两种效应对农户土地投资决策的影响。本研究采用非农收入水平反映非农就业的"收入效应"，同时将兼业类型分为两类，Ⅰ兼户和Ⅱ兼户，分别对应非农收入小于50%的农户和大于50%的农户。这里没有直接采用非农收入比重是因为本书的理论模型中更关注两类兼业农户土地投资行为的差异。

（2）农户特征变量。农业生产决策的主要执行者是户主，户主的年龄和教育对农业生产决策具有重要影响。一般来说，年龄较大的户主往往具有更多的耕作经验，而年龄较轻的户主更有可能参与非农就业，因此，预期年龄可能对土地投资具有正向影响。但是教育水平对土地投资的影响可能是不确定的。因为受教育年数较多的农户在农业生产中具有较高的技能，可以进行现代农业生产，往往具有更高的劳动生产率，这说明它对农户的土地投资可能具有正向影响；但是教育年数较多的农户也更有可能参与非农就业，放弃经营土地，从而对土地上的投资具有负向影响。

家庭劳动力的结构对农业生产有着重要影响。劳动人口（16～60岁之间的家庭成员）能够从事农业生产活动，但是小于16岁和大于60岁的家庭成员往往是单纯的消费者，不具有农业生产能力。因此，模型中引入16～60岁的农业劳动力数量和亩均劳动力来反映家庭农业生产能力和人地关系，预期其对农业生产中的土地投资具有正向影响。

畜力是劳动力的重要补充和替代，在样本地区耕牛的使用仍然较为广泛，因此引入变量是否养耕牛。使用耕牛可以节省人力，因此，预期这两个变量可能对自家劳动力投入和机械投入具有负向影响。同时，耕牛也可以作为运输工具，为农户向农田运输农家肥提供方便，因此耕牛可能增加了农户投入农家肥的可能性。

（3）土地资源禀赋变量。土地资源禀赋变量包括土地面积、地块大小、地块质量三个方面。土地面积、地块大小会影响机械等投入的可行性以及规模经济。模型中引入现有土地面积和亩均地块数量来代理，预期土地面积越大、亩均地块数量越小越有利于获得土地投资的规模效应。地块质量主要考虑了土壤肥沃程度和坡度。在调查中根据农户对自家田块肥沃程度、坡度的主观认识，得到肥沃度指数和坡度指数，地块肥沃赋值 3，中等赋值 2，质量差赋值 1；地块为坡地或山地赋值 1，梯田地块赋值 2，地块平坦则赋值 3。农户通常拥有多个地块，实证调查中很难让农民将土地投入信息与具体的地块联系起来，故数据处理时根据地块的面积进行加权平均来计算该农户现有土地的肥沃度指数和坡度指数。土地肥沃度指数越小，土地养分状况越差，土地生产力越低；土地坡度指数越小，土地越容易遭受水土流失和土壤侵蚀，土地生产力越低，这可能产生两个效应：一方面农户为了改善易侵蚀的土地和提高土地养分状况，保证土地上的产量，会进行更多的农家肥投资；另一方面，易侵蚀的土地也会加大土地投资成本，降低土地投资的边际产出，因而影响农户土地投资的积极性。因此，肥沃度指数和土地坡度指数对农户土地投资的影响并不确定。

（4）风险变量。研究中引入农户主观风险指数和家庭存款级别变量，分别用来表示农户对风险的主观态度和客观上应付风险的能力。主观风险指数是通过调查农户对其五个观点的评价，综合计算

表 5-5 土地投资模型各解释变量的定义及描述统计

变　量	单　位	定　义	描述统计 平均值	描述统计 标准差
被解释变量				
化肥投入	元/亩	亩均化肥投入金额	156	145
农家肥投入	0/1	1=是，0=否	0.5	0.5
自家劳动力投入	工/亩	亩均自家劳动力投入	16	13
雇佣劳动力和机械投入	元/亩	亩均雇佣劳动力和机械投入金额	14	13
解释变量				
非农收入	千元	种植业以外的收入	8.3	19
兼业类型	0/1	1=Ⅰ兼户 以Ⅱ兼户为对照组	1.6	0.5
现有土地面积	亩	现在经营的土地面积，包括租入的土地，不包括已租出的土地	7.9	11
肥沃度指数	1~3	1=差，2=中，3=肥	1.9	0.68
土地坡度指数	1~3	1=坡地、山地、河边地，2=梯田，3=平坦	2.4	0.69
亩均地块数	块	现有地块数量与现有土地面积之比	0.3	0.2
亩均劳动力	人	家庭劳动力数量与现有土地面积之比	0.8	0.6
农业劳动力	人	从事农业劳动的家庭成员数量	1.6	0.9
是否养耕牛	0/1	1=是，0=否	0.6	0.5

续表

变量	单位	定义	描述统计	
年龄	岁	户主的年龄	50	9.6
教育	年	户主的受教育年限	5.5	2.9
主观风险指数	1~11	1=风险厌恶，11=风险偏好，从1到11风险偏好程度递增	6.1	1.8
家庭存款指数	1~6	1=0，2=0~0.5，3=0.5~1，4=1~2，5=2~5，6=5万元以上	2.4	1.4
是否种植经济作物	0/1	1=是，0=否	0.3	0.5
亩均净产值	元/亩	每亩土地上种植水稻和经济作物获得的净收入	674	294
板桥虚拟变量	0/1	1=板桥村	—	—
上祝虚拟变量	0/1	1=上祝村	—	—

后得到的。经过计算后得到的农户主观风险指数范围在 1～11 之间，值越大越偏好风险，对土地进行投资的积极性越高，值越低则农户越倾向风险厌恶，对土地上的投资积极性越低。因此预期该变量对农户进行土地投资具有正向影响。家庭应对风险的能力与财产有关，此处用存款指数来反映农户的财产状况。从无存款到 5 万元以上共划为 6 级，级数越高，存款数额越大，应对风险的能力越强。预期该变量对农户进行土地投资具有正向影响。

自然灾害和农产品市场波动的影响在变量选择中没有反映，因为它们对同一村庄的农户可以看成是相同的，三个行政村的虚拟变量可以代理村庄面临的自然灾害风险和农产品价格波动。

（5）其他变量。除了上述四个方面的因素外，投资的收益也影响农户土地上的投资。亩均净产值代表了投资的收益，收益越大投资的积极性也越高，因此，预期该变量对土地投资有正向影响。

最后，农户的各种投资可能与种植作物的品种密切相关。在样本地区，除了种植单季稻和双季稻外，在同一地块上进行单季稻和经济作物（如西瓜、花生、甘蔗等）的混合种植也是较为普遍的现象。因此，引入是否种植经济作物变量来捕捉可能存在的影响。一般来说，经济作物的产值高于水稻，可能刺激投资积极性，因此，预期对化肥、劳动力、农家肥上的投资有正向影响。但经济作物可能对某些投资具有选择性，比如对机械的使用少于水稻，因此，预期对雇佣机械方面的投资没有显著影响。

（三）主要变量的统计分析

从总体上看，91% 的农户采取了兼业经营的形式，其中，Ⅰ兼户占 35%，Ⅱ兼户占 56%，其余 9% 是非农户。分村庄来看，三个村庄的兼业率都超过85%，板桥村以Ⅰ兼户为主，上祝和港沿则以Ⅱ兼户为主（见图5-5）。可见，样本地区兼业现象十分普遍。

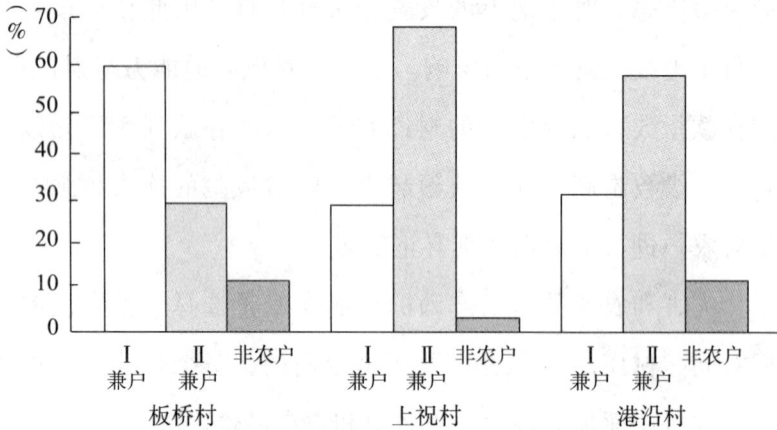

图5-5 样本村庄中农户的兼业概况

图5-6显示了不同兼业程度的农户在单位土地面积上平均土地投入的差异。对比两种兼业农户的土地投资可以发现，Ⅰ兼户的亩均化肥投入为161元，比Ⅱ兼户高出6元，雇佣劳动力和机械投入则显著低于Ⅱ兼户。自家劳动力投工量Ⅰ兼户则略低于Ⅱ兼户。农家肥的使用方面，38%的Ⅰ兼户施用了农家肥，比Ⅱ兼户高9%。

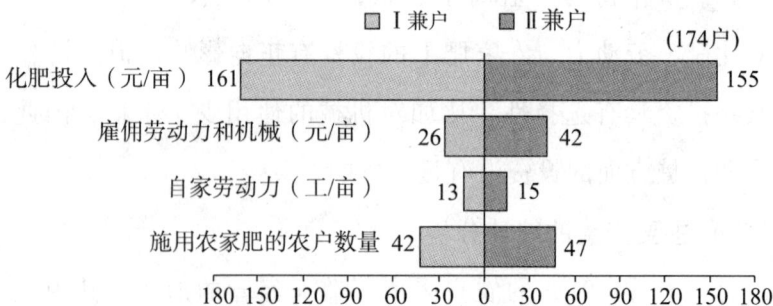

图5-6 兼业农户的土地投资结构对比

（四）模型估计结果与分析

为了进一步检验非农收入的差异对农户各类土地投资的影响方向及其程度，下文采用计量经济模型进行定量分析。

（1）农户非农就业对化肥投入的影响。表5-6给出了稳健最小二乘法估计的系数和稳健标准差（Robust Standard Error），稳健最小二乘法估计能够克服可能存在的异方差问题。结果显示，单位土地面积上的化肥投入量主要受到非农收入、兼业类型、亩均净产值、亩均地块数和村庄虚拟变量的影响。户主的年龄、教育、亩均劳动力、是否养耕牛等家庭特征以及地块质量、种植结构对化肥的投资没有明显影响。

表5-6 农户化肥投入的最小二乘法回归估计结果

被解释变量	亩均化肥投入额的对数	
解释变量	系数	稳健标准差
非农收入的对数	-0.07	(0.04)**
兼业类型	-0.18	(0.10)*
亩均净产值的对数	0.35	(0.13)***
现有土地面积	0.00	(0.01)
亩均地块数	0.36	(0.19)**
亩均劳动力	0.08	(0.06)
肥沃度指数	-0.05	(0.05)
土地坡度指数	-0.02	(0.06)
年龄	0.00	(0.00)
教育	0.01	(0.01)
主观风险指数	0.01	(0.02)
家庭存款指数	-0.01	(0.02)
是否种植经济作物	0.00	(0.07)
是否养耕牛	-0.03	(0.06)

被解释变量	亩均化肥投入额的对数	
解释变量	系数	稳健标准差
板桥虚拟变量	0.26	(0.11)**
上祝虚拟变量	-1.02	(0.12)***
常数项	3.57	(0.86)***
样本数量 = 282	R - squared = 0.60	

注：*，**，***分别表示在10%，5%和1%的水平上显著。

非农收入在5%的水平上显著，随着非农收入的增加，农户的化肥投入呈现递减趋势，非农收入每增加1%，亩均化肥投入约减少7%。兼业类型在10%的水平上显著，系数为负，表明Ⅰ兼户比Ⅱ兼户化肥投入水平低。亩均净产值对化肥投入显著正相关，亩均净产值每增加1%，化肥投入将增加35个百分点；现有土地面积与化肥投入不相关，但亩均地块数量则在5%的水平上显著，单位面积土地上地块数量增加1块，则化肥投入增加36%，说明化肥投入存在一定的规模效应，零散的地块降低了化肥的使用效率。三个村庄虚拟变量中，板桥虚拟变量在10%的水平上显著，符号为正，上祝虚拟变量在1%的水平上显著，符号为负。这说明板桥村的农户亩均化肥投入水平高出其他村庄，而上祝村的农户亩均化肥投入显著少于其他两个村庄。这里村庄虚拟变量主要反映了村庄间地势的差别。板桥村位于丘陵地带，耕种条件较好；上祝村地处山区，梯田较多；港沿村处于平原地带。处于山区耕种条件较差的农户没有为了增加产量而使用更多的化肥。

总的来看，非农收入对化肥投入数量的影响不大，但非农收入比重的上升会明显促进化肥的使用。这说明化肥投入对非农收入并不敏感，可能的原因是在一个地区化肥的品牌和价格差别不大，这种投资的可获性决定了化肥投资的弹性较小。同时，水稻和其他作物对化肥的用量有一定的要求，过高和过低对作物生长都会产生不利的影响。

（2）非农就业对农户农家肥投入的影响。农户是否施用农家肥主要与农户的兼业类型、亩均净产值、现有土地面积、年龄和是否养耕牛有关（见表5－7）。兼业类型在5%上显著，系数符号为正，说明非农收入比重较低的Ⅰ兼户投入农家肥的可能性高于Ⅱ兼户。非农收入的绝对水平对农家肥投入水平没有显著影响。表征规模效应的现有土地面积在10%上显著，系数符号为负，说明土地面积越大，使用农家肥的可能性越小。亩均地块数对农家肥投入没有显著影响。与预期相反，地块质量并没有对农家肥的投入产生影响，有可能是因为农户间土地质量差异不显著。同样与预期相反，亩均净产值对农家肥的投入具有负向激励作用。

表 5 － 7　农家肥投入的 Probit 模型估计结果

被解释变量	是否投入农家肥	
解释变量	系数	稳健标准差
非农收入的对数	0.12	(0.09)
兼业类型	0.50	(0.25)**
亩均净产值的对数	－ 0.68	(0.28)**
现有土地面积	－ 0.04	(0.02)*
亩均地块数	－ 0.30	(0.49)
肥沃度指数	0.13	(0.12)
土地坡度指数	－ 0.17	(0.15)
年龄	－ 0.02	(0.01)**
教育	－ 0.03	(0.03)

续表

被解释变量	是否投入农家肥	
解释变量	系数	稳健标准差
农业劳动力	0.05	(0.12)
是否种植经济作物	0.29	(0.19)
是否养耕牛	0.45	(0.18)***
板桥虚拟变量	−1.35	(0.24)***
上祝虚拟变量	−1.13	(0.30)***
常数项	5.90	(1.98)***
样本数量 = 282	Pseudo R – squared = 0.11 Wald chi2 (11) = 47.24 Log pseudo – likelihood = − 173.75	

注: *, * *, * * *分别表示在10%, 5%和1%的水平上显著。模型中删除了主观风险指数和家庭存款指数, 因为这两个变量对模型没有贡献。从理论上讲, 农家肥的投入与农户的风险态度和家庭存款关系也不明显。

户主年龄在5%的水平上显著, 且系数符号为负, 表明随户主年龄增加, 投入农家肥的可能性降低。这可能是由于农家肥的投入通常需要耗费较多的劳动力, 在其他条件不变的情况下, 随着户主年龄的增长, 其劳动能力逐渐降低, 从而不能投入更多的农家肥。从描述统计 (见表5−5) 中可以看出, 户主的平均年龄为50岁, 其劳动能力必然随年龄增加呈降低趋势。户主教育和家庭农业劳动力人数对农家肥投入的影响并不显著。养耕牛的农户投入农家肥的可能性显著高于没有养耕牛的农户, 这可能是由于牛可以作为运输农家肥的劳力。

在村庄虚拟变量中, 板桥和上祝虚拟变量在1%的水平上显著, 系数符号为负, 说明这两个村庄农户农家肥投入显著低于港沿村。这个结果与统计描述中的结果相符合。这可能与港沿村位于平原,地势平坦，耕种条件优越有关。

（3）非农就业对自家劳动力投入的影响。表5-8给出了自家劳动力投入的估计结果。在非农就业变量中，非农收入对自家劳动力投入量的影响则不显著；非农收入比重较低的Ⅰ兼户在单位面积土地上的自家劳动力投入大于非农收入比重较高的Ⅱ兼户，这说明非农就业参与程度越高，农户在农业生产上投入的自家劳动越少，验证了本书的假说。

亩均劳动力在5%的水平上显著，与自家劳动力投工负相关，说明人多地少的农户在土地上的投工量较少。这可能是由于劳动力多的农户更倾向于将劳动力配置到非农产业。在两个表示规模效应的变量中，亩均地块数量不显著，但现有土地面积在1%的水平上显著。现有土地面积符号为负，表明土地面积越大，自家劳动力投入越少。除了规模效应引起的劳动力节约之外，这也可能是因为土地面积大的农户更多地使用畜力、雇佣劳动力和机械替代自家人工，因此，不能肯定自家劳动力用工量存在显著的规模效应。土地质量变量和表示土地收益的变量亩均净产值均不显著。是否使用机械和是否养耕牛也不显著。

户主教育和教育的平方项分别在10%和1%的水平上显著，系数符号一负一正，表明户主教育水平与自家劳动力投入呈U形关系。户主受教育较少和较多的农户单位面积的自家劳动力投入较多。户主年龄、主观风险指数以及家庭存款指数的影响则不显著。选择经济作物和水稻混合种植的农户，亩均自家劳动力投入在10%的水平上，显著低于只种植水稻的农户。其原因可能在于经济作物的种植降低了农户的复种指数，也可能是种植经济作物的农户更多地采用了雇佣劳力，因为一般来说经济作物比水稻需要更多的劳动力投入。在村庄虚拟变量中，板桥虚拟变量在10%的水平上显著，系数符号为正，表明板桥村的农户在自家劳动力投入上显著高于其他两个村庄。这与前面描述性统计提供的信息相符合。

表 5 – 8　农户自家劳动力投入的最小二乘法回归估计结果

被解释变量	自家劳动投工额的对数	
解释变量	系数	稳健标准差
非农收入的对数	0.05	(0.06)
兼业类型	0.37	(0.15)**
亩均净产值的对数	0.18	(0.16)
现有土地面积	– 0.05	(0.01)***
亩均地块数	0.30	(0.27)
亩均劳动力	– 0.14	(0.06)**
肥沃度指数	– 0.05	(0.07)
土地坡度指数	– 0.13	(0.09)
年龄	0.00	(0.01)
教育	– 0.12	(0.05)**
教育的平方	0.01	(0.00)**
主观风险指数	– 0.04	(0.03)
家庭存款指数	0.01	(0.04)
是否种植经济作物	– 0.19	(0.11)*
是否养耕牛	– 0.01	(0.11)
板桥虚拟变量	0.29	(0.15)*
上祝虚拟变量	0.10	(0.17)
常数项	– 1.18	(1.10)
样本数量 = 282	$R^2 = 0.22$ F $(17, 264) = 4.80$	

注：*，**，***分别表示在10%，5%和1%的水平上显著。

（4）非农就业对农户雇佣劳力和机械投入的影响。表 5 – 9 的估计结果显示，非农收入在1%的水平上显著，非农收入的符号为正，表明非农收入与农户雇佣劳力和机械之间正相关。随着非农收入的增加，农户对雇佣劳力和机械的投入呈现增加趋势。非农收入增加会促使农户增加雇佣劳力的投入以解放自家劳动力。

在两个表示规模效应的变量中，现有土地面积不显著，表明经营面积不是决定是否雇佣劳力和机械的主要原因。亩均地块数量不显著，表明样本地区的土地细碎化程度没有对雇佣劳力的投入造成显著影响。土地肥沃度指数和亩均净产值对雇佣劳力和机械的影响都不显著。是否种植经济作物在1%的水平上显著，符号为正，表明种植经济作物的农户比未种植经济作物的农户对雇佣劳力的投入多。同水稻相比，经济作物一般需要投入更多的劳动力。户主年龄、教育和主观风险指数和家庭存款指数的影响不显著。在村庄虚拟变量中，板桥虚拟变量和上祝虚拟变量分别在1%和10%的水平上显著，系数符号为负，说明这两个村庄农户的亩均雇佣劳力投入显著少于港沿村。这可能是由地形因素造成的，港沿地处平原，特别适合使用机械耕作，而板桥和上祝分别位于丘陵地带和山区，机械的适用性相对较小。这个结果与统计描述中的结果相符合。

总之，雇佣劳力和机械投入明显受到非农收入增加的影响，经济作物的种植也会显著促进该项投入的增加，而养耕牛则降低了雇佣机械和劳力的投入。

表5-9 雇佣劳力和机械投入的 Tobit 模型估计结果

被解释变量	雇佣劳力和机械投入的对数	
解释变量	系数	稳健标准差
非农收入的对数	0.67	(0.21)***
兼业类型	0.82	(0.55)

续表

被解释变量	雇佣劳力和机械投入的对数	
解释变量	系数	稳健标准差
亩均净产值的对数	- 0. 18	(0. 58)
现有土地面积	- 0. 06	(0. 04)
亩均地块数	0. 65	(1. 23)
亩均劳动力	- 0. 43	(0. 34)
肥沃度指数	0. 32	(0. 27)
土地坡度指数	0. 49	(0. 33)
年龄	0. 01	(0. 02)
教育	- 0. 01	(0. 06)
主观风险指数	- 0. 00	(0. 09)
家庭存款指数	0. 14	(0. 12)
是否养耕牛	- 0. 67	(0. 37) *
是否种植经济作物	1. 14	(0. 39) * * *
板桥虚拟变量	- 2. 92	(0. 58) * * *
上祝虚拟变量	- 1. 77	(0. 63) * * *
常数项	1. 13	(4. 06)
样本数量 = 282	Pseudo R – squared = 0. 12 LR chi2 (16) = 103. 11 Log likelihood = - 396. 68	

注: * , * * , * * * 分别表示在 10% , 5% 和 1% 的水平上显著。

（5）小结。本节检验了家庭部分劳动力参与非农就业对农户土地经营的影响，发现非农就业有增加雇佣劳力和机械替代自家劳动力的趋势，非农收入的增加对农家肥的施用没有影响，但会减少化肥的投入。说明非农就业的兼业效应会因为雇佣劳力和机械对自家劳动的替代而减弱甚至消失。化肥和农家肥的投入则表现为 I 兼户的投入更多，部分印证了 I 兼户对土地投资的积极性高于 II 兼户的假说。但对于其他投资则不能确定存在这种关系。因此，非农就业水平的提高对农业生产实际投入的影响具有不确定性，"投资效应"仅在一定条件下存在。

五　主要结论

农户家庭劳动力转移对家庭农业生产的影响是多方面的，本章构建了一个两阶段决策模型，理论上分析了非农就业对家庭土地利用决策发生影响的作用机制，并将其区分为配置效应、兼业效应和投资效应，之后利用计量方法对理论模型进行了实证检验。实证结果显示，非农就业显著促进了土地流转，改变了农户投入的结构特别是雇佣劳力和机械对自家劳力投入的替代，但没有明显提高总的土地投入水平，影响土地投入水平的主要因素是土地的经济收益而不是投资能力。

对农户土地利用第一阶段决策的检验表明，非农收入对租入和租出土地均有促进作用，验证了非农就业促进土地流转，提高土地配置效率的假说。同时，实证结果也反映出样本地区农户的劳动力相对于其土地面积严重过剩的状况，尽管一部分劳动力从土地上转移出去，但仍然有一部分家庭劳动力是过剩的，在缺乏非农就业机会的情况下，就会产生租入土地的需求。这就解释了为什么非农收入对租入土地也有促进作用。因而，非农就业不但没有带来农业劳动力的短缺，反而非农收入使一些农户有资金去租入更多土地。如果把租入土地也看成一种特殊的土地投资，那么，该模型结果事实上检验了投资效应的存在，并且否定了样本地区农地流转中兼业效应的存在。对农户土地利用第二阶段决策的检验结果说明，非农就业促进了农户用资金替代劳动，但总体上对各项土地投资的影响方向并不一致，因此，投资效应仅在一定条件下存在。兼业效应表现不显著，可能是因为投资效应抵消了一部分兼业效应，也可能是由于样本地区劳动力转移规模仍然不够显著，农业劳动力仍然大量剩余造成的。

基于此，本书认为目前尽管农村劳动力转移规模逐年增大，但农业劳动力仍然大量剩余，促进劳动力转移的政策对农业生产不会产生明显的消极影响，但要释放劳动力转移的土地经营规模化、专业化效应，将非农就业带来的投资能力转变为现实投资的关键还是在于农业的收益能力。因此，在加快劳动力转移的同时要配合农产品市场化、农业新技术供给等发展农业的政策。

第六章
主要结论与政策启示

　　劳动力转移是发展经济学的重要研究主题，也是发展中国家面临的突出现实问题，深入分析劳动力转移的机制及其对经济发展的影响具有重要的理论和现实意义。本研究应用经济学的相关理论和方法，从劳动力转移的内涵入手，构建劳动力转移过程中的农地利用问题的分析框架。在中国的语境下劳动力转移具有三个层面的内涵：部门转移、地区转移、农户配置。部门转移指劳动力在工农业部门间的配置；地区转移指劳动力从落后地区的农业跨区域流向发达地区的工业部分；农户配置则表现为农户兼业，即"半工半耕"、"男工女耕"的兼业化经营。本书从宏观、中观和微观三个层次分析了劳动力转移影响农地利用方式和效率的机理，特别是针对现阶段中国劳动力转移的两个鲜明特征，即跨地区流动和不完全转移（兼业）进行了深入的实证研究，在农地利用领域应用和发展了经典的劳动力转移理论。本章将总结和概括前面的主要研究结论和政策含义。

一 主要结论

（1）大规模的劳动力转移没有显著提高我国的人均土地经营规模，农地资源的人口压力过大是制约农地利用效率的主要障碍。劳动力转移的国际经验表明，没有土地经营规模的扩大，劳动生产率很难得以提高。我国20世纪90年代中期以来，劳均耕地面积和农业劳动生产率的低水平缓慢增长印证了这一点。通过对比美国和日本的农地利用方式和效率的演进路径发现，日本和美国分别沿着提高土地生产率和劳动生产率的两个不同方向发展，实现了各自农业的现代化。从我国的资源禀赋来看，借鉴日本的发展路径，以土地节约、劳动集约为特征的技术创新和推广是未来农业发展的方向。

（2）劳动力省内转移促进了劳务输出地区农地利用效率的提高，而劳动力省际转移对劳务输入地的农地利用效率在一定程度上有负面影响。劳动力转移对劳务输入地区农地利用的负面效应没有被包括在本研究的理论分析模型中，因此，这一发现完善和拓展了本研究中观层次的理论分析框架。

（3）参与非农就业是微观农户土地利用效率提高的必要而非充分条件。农户兼业经营下，参与非农就业可以促进土地流转，提高土地配置效率，即存在"配置效应"。非农就业促进了农户用资金替代劳动，但总体上对各项土地投资的影响方向并不一致，因此"投资效应"仅在一定条件下存在。"兼业效应"没有得到验证，可能是因为投资效应抵消了一部分兼业效应，也可能是样本地区劳动力转移规模仍然不够显著，农业劳动力仍然大量剩余。

（4）农村劳动力转移并非影响农地利用效率的唯一因素，但其影响不可忽视。区域层面的计量分析发现，除劳动力转移外，按农村劳动人口平均的人均第一产业 GDP 对区域农地利用效率也具有促进作用。然而现实中要更多地发挥该因素对农地利用效率的促进作用，其潜力则在于减少农村劳动人口规模。这是因为，根据统计数据在 1990~2000 年十年间拉动人均第一产业 GDP 比重提高的因素主要是"分子"第一产业 GDP，而不是"分母"农村劳动人口。因此，通过减少农村劳动力规模来提高人均第一产业 GDP，进而促进提高区域农地利用效率也是可行的路径选择。

二 政策启示

在上述理论和实证分析的结论上，本书得到如下政策启示。

1. 减少农村劳动力的存量是提高区域农地利用效率的关键。

我国大规模的劳动力转移没有显著扩大人均土地经营规模，较小的经营规模依然是制约农地利用效率提高的重要障碍。我国劳动力转移的绝对规模虽然非常大，但由于农村人口的自然增长以及耕地资源的快速减少，劳均农地经营规模、农业劳动生产率等指标都没有明显增长。国际发展经验表明，在劳均土地面积不足 10 亩的情况下，实现农地利用效率的提高是不现实的。因此推进农村劳动力的转移，扩大农地经营规模仍然是必须坚持的政策取向。

2. 在欠发达地区，创造更多的本地非农就业机会应该优先于单纯的劳务输出政策。

目前，劳动力的跨地区转移没有对劳动力输出地的土地利用效率产生消极影响，相反劳动力省内转移对农地利用效率的促进作用十分显著。因此除了鼓励农民到发达地区就业之外，更重要的是创造本省内的就业机会，鼓励农民省内非农就业。这对欠发达地区的发展有重要的经济意义。如果农民在省外就业，那么流回本省的资金仅仅是作为汇款的那部分收入；而如果在本省就业，则农民打工收入完全在本省消费，所有资金都留在本省，从而有助于本省的经济发展。

3. 减少劳动力转移的物理障碍和制度障碍，促进农户彻底离农，并通过农业新技术创新、农业产业结构优化等提高农业的收益能力。

非农就业加速了农户间土地的流转和优化配置，但没有带来土地投入和产出水平的明显增长，原因可能在于农业劳动力仍然大量剩余以及农地比较效益的低下。因此，要释放劳动力转移的土地经营规模化、专业化效应，将非农就业带来的投资能力转变为现实的投资，必须要促进农户彻底离农，并通过农业新技术创新、农业产业结构优化等提高农业的收益能力。

4. 应该关注农村劳动力大量流入对劳务输入地的农地利用效率的消极影响，并制定相应措施减少和克服这种负面影响。

劳动力大量流入对流入地的农地利用效率存在负面影响，可能是因为大量人口转移到城市引发城市扩张，导致农地非农化加剧，一些城市周边的优质农田被转为建设用地，从而一定程度上降低了农地生产效率。这种劳动力流动对农地利用效率的负面效应应该引起更多关注。

参考文献

Benjamin, D. and Brandt, L., *Administrative Land Allocation Nascent Labor Markets and Farm Efficiency in Rural China*, *Department of Economics* (Toronto: University of Toronto, 1998).

Braun, J., *Essays on economic growth and migration*, Ph. D. Dissertation (farvard: Harvard University, 1993).

Burger, K., *Off – farm Income and the Farm – household: The Case of Kenyan Smallholders'*, *Research Memorandum* 1990, *Department of Economics* (Amsterdam: Vrije Universiteit, 1990).

Cai, F., Wang, D. and Du, Y., "Regional disparity and economic growth in China: The impact of labor market distortions," *China Economic Review* 13 (2002): 197 – 212.

de Brauw, A., "Seasonal Migration and Agriculture in Vietnam," *ESA Working Paper* (2007): No. 07 – 04.

de Brauw, A. and Rozelle, S., "Migration and household investment in rural China," *China Economic Review* 19 (2008): 320 – 335.

de Brauw, A., Huang, J., Rozelle, S., Zhang, L. and Zhang, Y., "The Evolution of China's Rural Labor Markets during the Reforms,"

Journal of Comparative Economics 30 (2002): 329 – 353.

Deininger, K., "Land Markets in Developing and Transition Economies: Impact of Liberalization and Implications for Future Reform," *American Journal of Agricultural Economics* 85 (2003): 1217 – 1222.

Deininger, K. and Olinto, P., "Rural Nonfarm Employment and Income Diversification in Colombia," *World Development* 29 (2001): 455 – 465.

Feng, S., *Land Rental Market and Off – farm Employment: rural Households in Jiangxi Province, P. R. China*, Ph. D. Thesis, Wageningen: Wageningen University, 2006.

Feng, S., Heerink, N. and Qu, F., "Factors determining land rental market development in Jiangxi Province, China," The 7th European Conference on Agriculture and Rural Development in China, Greenwich, U. K., 2004.

Huang, J., R. Lu, S. Rozelle and C. Pray, "Insect – Resistant GM Rice in Farmers' Fields: Assessing Productivity and Health Effects in China," *Science* 308 (2005): 688 – 690.

John F. McDonald and Robert A. Moffitt, "the uses of tobit analysis," *the review of economics and statistics* (1980): 318 – 320.

Johnson, D. G., "Provincial migration in China in the 1990s," *China Economic Review* 14 (2003): 22 – 31.

Jorgenson, D. W., "The Development of a Dual Economy," *Economic Journal* 6 (1961).

Kung, J. K., "Off – farm labor markets and the emergence of land rental markets in rural China," *Journal of Comparative Economics* 30 (2002): 395 – 414.

Liang, Z. , "The Age of Migration in China," *Population and Development Review* 27 (2001): 499 – 524.

Liang, Z. and Ma, Z. , "China's Floating Population: New Evidence from the 2000 Census," *Population and Development Review* 30 (2004): 467 – 488.

Lin, J. Y., "Rural Reforms and Agricultural Growth in China," *American Economic Review* 82 (1992): 34 – 51.

Lucas, R. , "Emigration to South Africa's Mines," *The American Economic Review* 77 (1987): 313 – 330.

Ma, Zhongdong. , "Urban Labor – force Experience as a Determinant of Rural Occupation Change: Evidence from Recent Urban – rural Return Migration in China," *Environment and Planning A* 33 (2001): 237 – 255.

Ma, Zhongdong. , "Social Capital Mobilization and Income Returns to Entrepreneurship: The Case of Return Migration in Rural China," *Environment and Planning A* 34 (2002): 1763 – 1784.

McMillan, J., J. Whalley and L. Zhu, "The Impact of China's Economic Reforms on Agricultural Productivity Growth," *Journal of Political Economy* 97 (1989): 781 – 807.

Murphy, Rachel. , "Return Migration Entrepreneurs and Economic Diversification in Two Counties in South Jiangxi," *Journal of International Development* 11 (1999): 661 – 672.

Reardon, T., Stamoulis, K., Cruz, M. E., Balisacan, A., Berdegue, J. and Banks, B., "Rural Non-farm Income in Developing Countries," *The State of Food and Agriculture 1998*. Rome: Food and Agriculture Organisation.

Rozelle, S., Taylor, J. E. and deBrauw, A., "Migration, Remittances, and Agricultural Productivity in China," *The American Economic Review* 89 (1999): 287 – 291.

Shioji, Etsuro, "Composition Effect of Migration and Regional Growth in Japan," *Journal of the Japanese and International Economies* 15 (2001): 29 – 49.

Stark, O., *The migration of labor*, (Cambridge: Basil Blackwell, 1991).

Stark, O. and Bloom, D. E., "The new economics of labour migration," *The American Economic Review* 75 (1985): 173 – 178.

Taylor, A. M. and Williamson, J. G., "Convergence in the Age of Mass Migration," *European Review of Economic History* 1 (1997): 27 – 63.

Taylor, J. E., Rozelle, S. and de Brauw, A., "Migration and Incomes in Source Communities: A New Economics of Migration Perspective from China," *Economic Development and Cultural Change* 52 (2003): 75 – 101.

Tobin, James, "Estimation of Relationships for limited dependent variables," *Econometrics* 26 (1958): 24 – 36.

Todaro, M. P., "A Model of Labor Migration and Urban Unemployment in Less Developed Countries," *American Economic Review* 21 （1969）: 157 – 170.

Vranken, L. and Swinnen, J., "Land rental markets in transition: Theory and evidence from Hungary," *World Development* 34 （2006）: 481 – 500.

Wu, H. X. and Meng, X., "Do Chinese farmers reinvest in grain production?," *China Economic Review* 7 （1996）: 123 – 134.

Wu, H. X. and Meng, X., "The direct impact of the relocation of farm labour on Chinese grain production," *China Economic Review* 7 （1996）: 105 – 122.

Yao, Y., "The development of the land lease market in rural China," *Land Economics* 76 （2000）: 252 – 266.

Zhang, L., de Brauw, A. and Rozelle, S., "China's rural labor market development and its gender implications," *China Economic Review* 15 （2004）: 230 – 247.

Zhao, Y., "Causes and Consequences of Return Migration: Recent Evidence from China," *Journal of Comparative Economics* 30 （2002）: 376 – 394.

〔印〕阿玛蒂亚·森:《贫困与饥荒》[M]，商务印书馆，2001。

〔圣卢西亚共和国〕阿瑟·刘易斯:《经济增长理论》[M]，商务印书馆，1996。

毕宝德:《土地经济学》（第四版）[M]，中国人民大学出版社，2001。

蔡昉、王德文:《中国经济增长可持续性与劳动贡献》[J]，

《经济研究》1999 年第 10 期。

蔡昉：《劳动力无限供给时代结束》［J］，《高端之见》2008 年第 2 期。

蔡昉：《特征与效应——山东农村劳动力迁移考察》［J］，《中国农村观察》1996 年第 2 期。

蔡昉：《中国流动人口问题》［M］，社会科学文献出版社，2007。

蔡基宏：《关于农地规模与兼业程度对土地产出率影响争议的一个解答——基于农户模型的讨论》［J］，《数量经济技术经济研究》2005 年第 3 期。

陈丽能、谢永良：《DEA 方法在农业综合生产能力评价中的应用》［J］，《浙江大学学报》（农业与生命科学版）2000 年第 4 期。

陈仲常、臧新运：《农村劳动力转移的区域差异与跨区流动度的估量》［J］，《经济问题》2006 年第 1 期。

崔传义：《进入新阶段的农村劳动力转移》［J］，《中国农村经济》2007 年第 6 期。

邓大才：《试论农村地产市场发育的障碍及对策》［J］，《中国软科学》1997 年第 11 期。

丁兆庆：《中国农村富余劳动力转移战略研究》［D］，中共中央党校，2005。

杜鹰、白南生等：《走出乡村：中国农村劳动力流动实证研究》［M］，经济科学出版社，1997。

杜鹰：《现阶段中国农村劳动力流动的基本特征与宏观背景分析 中国转轨时期劳动力流动》［C］，社会科学文献出版社，2006。

樊纲:《既要扩大"分子"也要缩小"分母"——关于在要素流动中缩小"人均收入"差距的思考》[J],《中国投资与建设》1995 年第 6 期。

〔美〕费景汉、拉尼斯:《劳力剩余经济的发展》[M],华夏出版社,1989。

冯继康、李岳云:《"三农"难题成因:历史嬗变与现实探源》[J],《中国软科学》2004 年第 9 期。

冯子标:《中部塌陷原因及崛起途径探析》[J],《管理世界》2005 年第 12 期。

高强:《发展中国家农户兼业化的启示》[J],《经济与管理研究》2002 年第 4 期。

高双:《我国农村剩余劳动力转移的区域差异比较研究》[D],吉林大学,2006。

郭铁民、林善浪:《农地股份合作制问题探讨》[J],《当代经济研究》2001 年第 12 期。

国务院发展研究中心农村部"我国农村劳动力转移战略研究"课题组,全国政协人口资源委员会"我国农村劳动力转移战略研究"课题组,中国农村劳动力资源开发研究会"我国农村劳动力转移战略研究"课题组:《关于将农村劳动力大量转移列为我国第三步宏伟目标战略重点的建议》(总报告)[J],《经济研究参考》2001 年第 3 期。

韩俊、崔传义、范皑皑:《农村劳动力短缺与剩余并存》[J],《职业技术教育》2007 年第 15 期。

韩俊:《跨世纪的难题——中国农业劳动力转移》[M],山西经济出版社，1994。

韩俊：《我国农户兼业化问题探析》［J］，《经济研究》1988 年第 4 期。

贺振华：《劳动力迁移、土地流转与农户长期投资》［J］，《经济科学》2006 年第 3 期。

贺振华：《农村土地流转的效率：现实与理论》［J］，《上海经济研究》2003 年第 3 期。

贺振华：《农户兼业的一个分析框架》［J］，《中国农村观察》2005 年第 1 期。

贺振华：《农户兼业及其对农村土地流转的影响》［J］，《上海财经大学学报》2006 年第 2 期。

胡浩、王图展：《农户兼业化进程及其对农业生产影响的分析》［J］，《江海学刊》2003 年第 6 期。

胡瑞法、黄季焜：《从耕地和劳动力资源看中国农业技术构成和发展》［J］，《科学对社会的影响》2002 年第 2 期。

黄利军、胡同泽：《基于数据包络法（DEA）的中国西部地区农业生产效率分析》［J］，《农业现代化研究》2006 年第 6 期。

黄宗智：《华北的小农经济与社会变迁》［M］，中华书局，1990。

黄宗智：《中国农村的过密化与现代化：规范认识的危机及出路》［M］，上海社会科学院出版社，1992。

李冬明：《我省农民务工呈现新动向》，江西统计信息网，2007 年 3 月 19 日。

李强：《影响中国城乡流动人口的推力与拉力因素分析》［J］，

《中国社会科学》2003 年第 1 期。

李周、于法稳：《西部地区农业生产效率的 DEA 分析》［J］，《中国农村观察》2005 年第 6 期。

梁流涛、曲福田、诸培新、马凯：《不同兼业类型农户的土地利用行为和效率分析》［J］，《资源科学》2008 年第 10 期。

林毅夫、王格玮、赵耀辉：《中国的地区不平等与劳动力转移 中国转轨时期劳动力流动》［C］，社会科学文献出版社，2006。

林毅夫：《制度、技术与中国农业发展》［M］，上海三联书店，1994。

刘璨：《金寨县样本农户效率与消除贫困分析》［J］，《数量经济技术经济研究》2003 年第 12 期。

刘大为、马文成、赵勃：《DEA 方法在农业生产效率综合评价中的应用》［J］，《农业与技术》2005 年第 2 期。

刘君：《农业劳动力的兼业性转移行为研究》［D］，河南农业大学，2005。

刘克春：《农户农地流转决策行为研究》［D］，浙江大学，2006。

刘强：《中国经济增长的收敛性分析》［J］，《经济研究》2001年第 6 期。

刘新平、孟梅、罗桥顺：《基于数据包络分析的新疆农用地利用效益评价》［J］，《干旱区资源与环境》2008 年第 1 期。

刘玉来：《农村劳动力转移中土地政策协调机制创新》［J］，《农业现代化研究》2003 年第 4 期。

陆学艺、张厚义：《农民的分化、问题及其对策》［J］，《农业经济问题》1990 年第 1 期。

马克思：《资本论》[M]，人民出版社，1975。

马贤磊：《现阶段农地产权制度对农业生产绩效影响研究》[D]，南京农业大学，2008。

马忠东、张为民、梁在、崔红艳：《劳动力流动：中国农村收入增长的新因素》[J]，《人口研究》2004 年第 3 期。

毛育刚：《中国农业演变之探索》[M]，社会科学文献出版社，2001。

梅建明：《工业化进程中的农户兼业经营问题研究》[M]，中国财政经济出版社，2005。

梅建明：《转型时期农户兼业经营状况分析》[J]，《财经研究》2003 年第 8 期。

〔法〕孟德拉斯：《农民的终结》[M]，李培林译，社会科学文献出版社，2005。

倪羌丽：《非农就业中农地流转问题的浅析——以江苏省为例》[J]，《农业经济》2008 年第 2 期。

农业部农村经济研究中心课题组：《农村劳动力外出就业对农民、农业及输出地的影响与对策》[J]，《中国软科学》1996 年第 12 期。

潘燕、浦树柔：《农村承包制，要不要有点新突破？——来自浙江绍兴农村的调查报告》[J]，《瞭望》1995 年第 4 期。

〔苏〕恰亚诺夫：《农民经济组织》（中译本）[M]，中央编译出版社，1996。

钱忠好：《非农就业是否必然导致农地流转——基于家庭内部分

工的理论分析及其对中国农户兼业化的解释》［J］，《中国农村经济》2008 年第 10 期。

钱忠好：《农村土地承包经营权产权残缺与市场流转困境：理论与政策分析》［J］，《管理世界》2002 年第 6 期。

盛来运：《流动还是迁移：中国农村劳动力流动过程的经济学分析》［M］，上海远东出版社，2008。

史清华、贾生华：《农户家庭农地要素流动趋势及其根源比较》［J］，《管理世界》2002 年第 1 期。

史清华、张惠林：《农户家庭经营非农化进程与历程研究》［J］，《经济问题》2000 年第 4 期。

〔日〕速水佑次郎、〔美〕弗农·拉坦：《农业发展的国际分析》，中国社会科学出版社，2000。

〔日〕速水佑次郎、〔日〕神门善久：《农业经济论》（新版）［M］，中国农业出版社，2003。

谭丹、黄贤金：《区域农村劳动力市场发育对农地流转的影响》［J］，《中国土地科学》2007 年第 6 期。

谭淑豪、曲福田、尼克·哈瑞柯：《土地细碎化的成因及其影响因素分析》［J］，《中国农村观察》2003 年第 6 期。

田传浩等：《农地制度、地权稳定性与农地使用权市场发育：理论与来自苏浙鲁的经验》［J］，《经济研究》2004 年第 1 期。

田传浩：《农地使用权市场：模式、影响因素及其对农地配置效率的影响》［D］，浙江大学，2003。

王德文、蔡昉：《如何避免城乡收入差距进一步扩大——"十五"期间农民收入变化趋势与政策建议》［J］，《农业经济问题》

2003 年第 2 期。

王德文、朱玮、叶晖：《1985～2000 年我国人口迁移对区域经济差异的均衡作用研究》[J]，《人口与经济》2003 年第 6 期。

王琼、吴小艳：《我国劳动力转移就业空间特点的分析》[J]，《长春市委党校学报》2006 年第 1 期。

王图展、周应恒、胡浩：《农户兼业化过程中的"兼业效应"、"收入效应"》[J]，《江海学刊》2005 年第 3 期。

王小鲁、樊纲：《中国地区差距：20 年变化趋势和影响因素》[M]，经济科学出版社，2004。

王小鲁、樊纲：《中国地区差距的变动趋势和影响因素》[J]，《经济研究》2004 年第 1 期。

魏权龄：《数据包络分析（DEA）》[M]，科学出版社，2004。

〔美〕西奥多·W. 舒尔茨：《改造传统农业》[M]，商务印书馆，1999。

向国成、韩绍凤：《农户兼业化：基于分工视角的分析》[J]，《中国农村经济》2005 年第 8 期。

肖文韬：《农地流转约束与农户兼业行为》[J]，《武汉理工大学学报》（信息与管理工程版）2005 年第 3 期。

徐琼：《基于 DEA 模型的技术效率实证分析——浙江省地区农业效率差异分析》[J]，《宁波大学学报》（理工版）2005 年第 2 期。

徐旭、蒋文华等：《农村土地产权：农民的认识与意愿》[J]，《中国农村经济》2002 年第 12 期。

许召元：《区域间劳动力迁移对经济增长和地区差距的影响》[D]，北京大学，2007。

杨利蓉、陈文宽、母培松：《基于数据包络分析（DEA）的射洪县农业经济效率研究》［J］，《四川农业大学学报》2009 年第 2 期。

杨学成、赵瑞莹：《转型时期农民兼业问题的实证研究》［J］，《中国农村观察》1998 年第 3 期。

姚洋：《非农就业结构与土地租赁市场的发育》［J］，《中国农村观察》1999 年第 2 期。

叶剑平、蒋妍等：《中国农村土地流转市场的调查研究——基于 2005 年 17 省调查的分析和建议》［J］，《中国农村观察》2006 年第 4 期。

印堃华、邓伟、孟珺峰、周维颖：《我国农地产权制度改革和农业发展模式的思考》，《财经研究》2001 年第 2 期。

俞海、黄季焜等：《地权稳定性、土地流转与农地资源持续利用》［J］，《经济研究》2003 年第 9 期。

张冬平、冯继红：《我国小麦生产效率的 DEA 分析》［J］，《农业技术经济》2005 年第 3 期。

张红宇：《中国农地调整与使用权流转：几点评论》［J］，《管理世界》2002 年第 5 期。

张培刚：《农业与工业化（中下合卷）：农业国工业化问题再论》［M］，华中理工大学出版社，2002。

张照新：《中国土地流转市场发展极其方式》［J］，《中国农村经济》2002 年第 2 期。

张忠法、崔传义、陈剑光、李屹：《我国农村劳动力转移的历程、特点及面临的新形势》［J］，《经济研究参考》2001 年第 3 期。

张忠明:《农户粮地经营规模效率研究》[D],浙江大学,2008。

郑平:《我国农业剩余劳动力转移区域差异比较研究》[D],华中科技大学,2005。

周加来、李刚:《区域经济发展差距:新经济地理、要素流动与经济政策》[J],《经济理论与经济管理》2008 年第 9 期。

周晓林、吴次芳、刘婷婷:《基于 DEA 的区域农地生产效率差异研究》[J],《中国土地科学》2009 年第 3 期。

朱农:《中国劳动力流动与"三农"问题》[M],武汉大学出版社,2005。

朱宇:《国外对非永久性迁移的研究及其对我国流动人口问题的启示》[J],《人口研究》2004 年第 3 期。

后　记

　　本书是在我的博士论文基础上修改形成的，也是对我在南京农业大学十年学习和研究成果的总结。本书能够出版首先要感谢浙江省社会科学院省级社会科学学术著作出版资金的资助。在本书的写作过程中，从选题到成文得到了我的母校南京农业大学众多专家、老师、同学和同门师兄弟姐妹的大力帮助，尤其是我的诸位导师孙佑海教授、陈利根教授和曲福田教授。在此无法一一列举姓名，但由衷地感谢他们。感谢南京农业大学石晓平教授，他主持的国家自然科学基金"区域要素市场发育与农业自然资源可持续利用管理研究"（编号：70403007）为我提供了农户调研数据。当时有幸参与该项目在江西调研的组织工作，并参加了问卷设计、入户访问和数据整理。这些工作都为日后本书的数据处理带来了很多便利。本书的选题也受到了石晓平教授、冯淑怡教授对非农就业市场方面研究的启发。因此，凭借对数据的熟悉和已有的农户经济学、计量经济学基础，我很快完成了第五章的工作。但在研究的过程中，我发现劳动力转移与农地利用问题在微观层次的研究已经较为丰富全面，而微观机制以外的研究较为缺乏。因此，在已有的基础上我试图去搭建一个包含劳动力部门间配置、区域间配置和家庭内部配置的三层次研究框架，将劳动力转移与农地利用两者在更大的尺度下结合并研究它们的关系。目前，我所做的也只是提出这样的框架，对于部门间配置和区域间配置的研究还不充分。部分原因在于准确的劳动力转移统计数据往往难以获得；没有找到有力的理论支撑也是区域间配置研究不足的重要原因。因此，本书不是研究的终点而是新的起点。今后的研究中我将继续探索、完善和发展本研究中的分析框架。希望本书能为相关领域的研究者提供一些借鉴和参考。

李明艳

2011 年 5 月于杭州

社会科学文献出版社网站

www.ssap.com.cn

1. 查询最新图书　　2. 分类查询各学科图书
3. 查询新闻发布会、学术研讨会的相关消息
4. 注册会员，网上购书，分享交流

　　本社网站是一个分享、互动交流的平台，"读者服务"、"作者服务"、"经销商专区"、"图书馆服务"和"网上直播"等为广大读者、作者、经销商、馆配商和媒体提供了最充分的互动交流空间。

　　"读者俱乐部"实行会员制管理，不同级别会员享受不同的购书优惠（最低7.5折），会员购书同时还享受积分赠送、购书免邮费等待遇。"读者俱乐部"将不定期从注册的会员或者反馈信息的读者中抽出一部分幸运读者，免费赠送我社出版的新书或者数字出版物等产品。

　　"网上书城"拥有纸书、电子书、光盘和数据库等多种形式的产品，为受众提供最权威、最全面的产品出版信息。书城不定期推出部分特惠产品。

咨询/邮购电话：010-59367028　　邮箱：duzhe@ssap.cn

网站支持（销售）联系电话：010-59367070　　QQ：1265056568　　邮箱：service@ssap.cn

邮购地址：北京市西城区北三环中路甲29号院3号楼华龙大厦　社科文献出版社　学术传播中心　邮编：100029

银行户名：社会科学文献出版社发行部　　开户银行：中国工商银行北京北太平庄支行　　账号：0200010009200367306

图书在版编目（CIP）数据

农村劳动力转移对农地利用效率的影响研究/李明
艳著. —北京：社会科学文献出版社，2012.9
（中国地方社会科学院学术精品文库. 浙江系列）
ISBN 978 – 7 – 5097 – 3280 – 9

Ⅰ.①农… Ⅱ.①李… Ⅲ.①农村 – 劳动力转移 – 影
响 – 农业用地 – 土地利用 – 研究 – 浙江省 Ⅳ.①F321.1

中国版本图书馆 CIP 数据核字（2012）第 066534 号

·中国地方社会科学院学术精品文库·浙江系列·

农村劳动力转移对农地利用效率的影响研究

著　者 / 李明艳

出 版 人 / 谢寿光
出 版 者 / 社会科学文献出版社
地　　址 / 北京市西城区北三环中路甲 29 号院 3 号楼华龙大厦
邮政编码 / 100029

责任部门 / 人文分社（010）59367215　　责任编辑 / 王晓鹏　乔　赫　周志宽
电子信箱 / renwen@ ssap. cn　　责任校对 / 白桂和
项目统筹 / 宋月华　　责任印制 / 岳　阳
经　　销 / 社会科学文献出版社市场营销中心（010）59367081　59367089
读者服务 / 读者服务中心（010）59367028

印　　装 / 三河市尚艺印装有限公司
开　　本 / 787mm×1092mm　1/16　　印　张 / 12.75
版　　次 / 2012 年 9 月第 1 版　　字　数 / 144 千字
印　　次 / 2012 年 9 月第 1 次印刷
书　　号 / ISBN 978 – 7 – 5097 – 3280 – 9
定　　价 / 45.00 元